Elke Sarnowski

Traumland Expedition

Reisetagebuch einer Frau, die
nach Thailand auswandern will

Teil 1

BoD, Norderstedt

Bibliografische Information der Deutschen Nationalbibliothek

Die Deutsche Nationalbibliothek verzeichnet diese Publikation in der Deutschen Nationalbibliografie; detaillierte bibliografische Daten sind im Internet über http://dnb.d-nb.de abrufbar.

1. Auflage, Teil 1

Bildmaterial und Text: Elke Sarnowski, Berlin
Gestaltung, Bildbearbeitung und Grafiken: Stefanie Sarnowski, Schönefeld
Herstellung und Verlag: BoD - Books on Demand, Norderstedt

ISBN 978-3-7357-2093-1

Die Autorin übernimmt für Vollständigkeit und Richtigkeit im Einzelfall keine Garantie.

Inhaltsverzeichnis

1 Bangkok

2 Khao Yai Nationalpark

3 Korat

4 Udon Thani

5 Nong Khai

6 Hua Hin

7 Pranburi

8 Bangkok

„Es gibt keinen Weg ins Glück,

Glück ist der Weg!"

26.März 2011 – Ankunft in Bangkok

Auf meiner Uhr war es 23:51 Uhr.
Nachwievor Winterzeit in Deutschland und ich saß im Flieger Richtung Bangkok. Glücklicherweise war „mein" Airbus der türkischen Airline nur zur Hälfte mit Passagieren besetzt. Diesem Umstand verdankte ich einen Zweiersitz für mich alleine. Ein Steward brachte die Ein - bzw. Ausreisekarten für Thailand und einen Tomatensaft nebst türkischen Haselnüssen.
   Die Menükarte lag mir auch bereits vor. Das Angebot hörte sich verlockend an: man hatte die Wahl zwischen Shrimpssalat, Hähnchenbrust mit frischem Gemüse oder Penne Pasta mit Tomatensoße. Das Dessert sollte ein gebackener Reispudding sein. Ich entschied mich für die Pasta und lies mir dazu einen Rotwein schmecken, in der Hoffnung, dass ich vom Wein schläfrig werden würde.
   Der Flieger war ein nagelneuer Airbus 340/300 mit recht bequemen Liegesitzen und Fernsehen im Vordersitz. Die Filmauswahl war gigantisch. Sollte ich nicht schlafen können, freute ich mich auf Avatar Special Edition und Black Swan. Spiele konnte ich auch spielen, also Beschäftigung gäbe es für den Fall der Fälle genug.
Das Bordpersonal verteilte zu Beginn des Fluges ein Beauty-Case in dem sich Socken, Schlafmaske, Zahnbürste, Zahnpasta und Lippenpomade befanden.

Es war mir tatsächlich gelungen etwas zu schlafen!

Wir würden auf den **Survarnabhumi Airport**, ein paar Kilometer außerhalb von **Bangkok** landen. Bevor wir thailändischen Boden berührten, flogen wir durch dichte Wolken. Mein Sitznachbar schlief immer noch.

Einen solch gesunden Schlaf konnte ich nur neidlos bewundern.
So viel ich mitbekam, hat er nicht einmal die Mahlzeiten eingenommen. Na ja, vielleicht ist es wichtig für ihn sich einen Schlafvorrat an zu legen, denn er wird mit Sicherheit in der nächsten Zeit kaum ein Auge zu machen, davon war ich überzeugt. Die Männer besuchen oftmals Bangkok, wobei Ihnen die Nächte wichtiger waren, als die Tage.

Außer einer dichten Wolkendecke, von der ich hoffte, dass es sich nicht um Smog handelte, konnte ich noch nichts erkennen. Ab und an schimmerte etwas durch, das an einen Ameisenhügel erinnerte.
Der Flugzeugmonitor gab die momentane Höhe an, auf der wir uns befanden, es waren noch 2500 Meter bis zum Boden.

Aus der Vogelperspektive betrachtet, wirkten Metropolen auf mich immer etwas futuristisch, als hätte jemand einen Kasten mit Bauklötzern ausgeschüttet und wüsste noch nicht so recht, wie er daraus etwas sinnvolles gestalten sollte.

Nachdem der Pilot eine Linkskurve geflogen hatte, konnte ich die ersten Häuser und Straßen erkennen.Auf dem neuen Airport landete ich zum ersten Mal. Er wird als riesig beschrieben.

Dann wurde es wackelig.
Wir flogen eine erneute Linkskurve – *sehr* Links.
Unter mir sah ich nur Wasser. Wir bewegten uns ein Stück hinaus aufs Meer um dann wieder rein ins Land zu gleiten. Als das Fahrgestell ausfuhr vibrierte das Flugzeug.
Meine Ohren brachten mich fast um! Der Schmerz war mir bekannt, denn den empfand ich immer vor jeder Landung. Leider helfen keine üblichen Maßnahmen und oftmals entwich der Druck erst am Boden mit einem schmerzhaften Knall.

Der Außenbildschirm schaltete sich ein und ich konnte mit verfolgen, wie wir der Landebahn immer näher kamen. Am Ende erfolgte ein Rums und wir waren gelandet!!

In der Abfertigungshalle wuselten eine unübersichtliche Anzahl Menschen herum, die aus der ganzen Welt just im selben Moment wie ich gelandet zu sein schienen. Vor den Schaltern der Passkontrolle bildeten sich endlose Schlangen.

Ich stellte mich schon seelisch darauf ein, einige Stunden auf dem Airport verbringen zu dürfen. Doch siehe da, die thailändischen Sicherheitsbeamten reagierten prompt. Es wurden weitere Kontrollschalter geöffnet und die Reisenden höflich aber bestimmt auf geteilt und zu den neu geöffneten Schalern buxiert. Weitere dreißig Minuten später stand ich am Kofferband um mein Gepäck in Empfang zu nehmen. Die Zollkontrolle entfiel gänzlich.

Der Fahrer von dem Hotel meiner Wahl war bereits anwesend. Ich erkannte ihn, weil er ein Schild mit meinem Namen, bzw. etwas ähnlichem, über seinen Kopf hielt.

Die Fahrt dauerte nur ein paar Minuten, weil das Hotel nahe am Airport lag. Das kleine Hotel war einfach aber sauber und es hatte alles zu bieten, was man brauchte. Die Familie, der das Haus gehörte, war sehr freundlich. Zu der Familie gehörten scheinbar Mutter, Sohn und Schwiegertochter.

Das Hotel lag genau in der Einflugschneise, was zur Folge hatte, dass es sehr laut war. Die Nähe zum Airport hatte eben ihren Preis. Apropos Preis: die vier Tage kosteten mich **2100 Bath**, das waren umgerechnet etwa **50 Euro**, da musste man eben Abstriche in Kauf nehmen.

Am Abend war ich dann auch mit einer thailändischen Mobilfunk Karte ausgestattet, damit ich preiswert nach Deutschland telefonieren konnte. Ich nahm mir vor darauf zu achten, dass mein Handy jeden Abend an die Ladestation kam, damit ich immer und überall zum telefonieren bereit sein würde.

Die ersten Hindernisse waren also auch erledigt. Ich stellte meine Uhr und den Reisewecker sechs Stunden vor, damit war es jetzt 17:30 Uhr Ortszeit.

Meine erste Mahlzeit wurde mir an dem hauseigenen Schwimmbad serviert. Ich freute mich auf meinen geliebten **Papaya-Salat**: nicht so scharf, doch er war immer noch scharf genug für den ersten Tag.

Ich würde mich daran gewöhnen. Schon nach ein paar Tagen kam mir die Würze auch gar nicht mehr so feurig vor, man gewöhnte sich recht schnell an die Schärfe.

Eigentlich wollte ich eine Apotheke finden, Fehlanzeige, dafür bin ich beim Friseur gelandet und lies mir die Haare schneiden. Für eine Superkopfmassage und eine erfrischende Spülung mit kaltem Wasser bezahlte ich **100 Baht**.

Um 20:50 Uhr Ortszeit beendete ich das erste Telefongespräch mit meiner Tochter in Berlin. Der wenige Schlaf forderte nun seinen Tribut. Eine warme Dusche ging gerade noch und dann rief mich auch schon der Sandmann.

27.März 2011 – Erster Tag in Bangkok

Die Nacht war durchwachsen.
Zum einen wegen der Flugzeuge die in gefühlten zwei Metern über den Dächern zur Landung ansetzten. Zum Anderen sicher auch durch den Jetlag, der sich durch die Zeitverschiebung einstellte und unter dem die meisten Fernreisenden zu leiden haben.
Ich nahm es als gegeben hin und widmete mich meinem ersten Frühstück. Für Kaffee war gesorgt, man konnte sich selbst bedienen. Unter einem wetterfesten Dach auf der Terrasse fand man alle Zutaten dafür. Ich orderte zwei Toast und einen Teller mit frischem Obst.

Mein Tagesplan sah vor, nach Bangkok hinein zu fahren, vorausgesetzt es sollte mir gelingen den richtigen Bus zu erwischen.

Die Vorgaben meiner Wirtin waren folgende: Man nehme das **blaue Songtaew** zum Tesco Lotus 1 Shoppingcenter und steige in den 132er Bus, der zu einer **Skytrain-Station** fuhr die **On Nut** heißt.

Der **Bus 132** war wirklich abenteuerlich. Ich schätzte, das sein erster Einsatz sicherlich schon ein paar Jahrzehnte zurück lag.
Der Fahrzeugboden bestand aus Planken, wie auf einem Schiff, was durch die Fahrweise des Straßenkapitäns bestätigt zu sein schien. Ich fühlte mich auch wie auf einem Schiff, kurz vor der Seekrankheit.

Eine Schaffnerin war auch im Angebot, die allerdings nicht wirklich begeistert bei der Arbeit war. Auch Thai lächeln eben nicht immer. Die Endstation des Busses, an der ich aussteigen musste, war dann abenteuerlich gruselig.

Irgendwo zwischen den **Klongs** stand ich auf der Straße, musste mich erst mal überhaupt orientieren und vor allem nach der **Skytrain** Station Ausschau halten.

Erklärung ...

Als **Songtaew** bezeichnen die Thai offene Pick up Autos. Die Ladefläche ist überdacht und mit je einer Sitzbank an den beiden Längsseiten bestückt. Die **Minibusse**, so werden sie von den Ausländern besser verstanden, haben unterschiedliche Farben.

Die Farben der Wagen markieren die jeweiligen Fahrrouten. Es gibt gelbe, blaue, weiße und grüne Autos. Je nachdem wohin man fahren möchte, steigt man in die entsprechende Farbe des Songteaws. Haltestellen wie man sie in Deutschland kennt, gibt es nur bedingt. Die Routen der Songteaws verlaufen immer an den Hauptstraßen. Wenn man das entsprechende Songtaew sieht winkt man nur und die Fahrer halten, damit man zusteigen kann.

Will man das Fahrzeug verlassen betätigt man die **Klingel am Wagendach**, steigt aus, gibt dem Fahrer das Fahrgeld durch das Seitenfenster und fertig. Das ist Super easy und Super Preiswert.

Klongs werden die Gegenden genannt, die wir als **Slums** bezeichnen würden. Sie liegen meistens am Fluss oder an dessen Nebenarmen, die sich durch manche Gebiete der Stadt schlängeln. Hier leben nicht nur die Armen sondern auch so manche zwielichtige Gestalt.

Als Ausländer sollte man diese Klongs, wenn möglich meiden. Es geht dabei nicht hauptsächlich um Sicherheit, wobei die natürlich auch nicht außer Acht zu lassen ist. Wichtiger ist die Tatsache, dass die Menschen, die in Klongs leben, eine eingeschworene Gemeinschaft sind. Man würde einfach stören und als Eindringling angesehen werden.

Filmen oder fotografieren ist ein schlimmer Fehler, den man auf jeden Fall strikt unterlassen sollte.

Mein Weg führte mich an den typischen kleinen Läden vorbei zu einer großen Kreuzung an der ich wohl immer noch stehen würde, wenn sich nicht eine nette thailändische Lady meiner erbarmt hätte. Zusammen überquerten wir todesmutig die stark befahrene Straße.

Dann war ich auch schon an der Station, erwarb eine Tageskarte für **120 Bath** und zwängte mich in die Bahn, die bis auf den letzten Stehplatz besetzt war.

Bangkok zu durchqueren ist eine echte Herausforderung. Mit dem Taxi ist man lange oder sehr lange unterwegs. Zu manchen Zeiten findet man kaum einen Fahrer der in oder durch die Stadt fahren will. Sie wissen, dass sie von einem Stau in den anderen kommen und haben einfach keine Lust dazu. Die Busse und Minibusse fahren hingegen immer, was allerdings auch kein Vergnügen ist.

Am besten und schnellsten kommt man mit der **Skytrain** *(Schwebebahn)* von A nach B. Bisher ist der Radius der Bahn leider noch nicht so ganz optimal. Die Endstationen liegen immer noch an verkehrsreichen Punkten. So eine Station ist **On Nut**.

Hat man so eine Endstation erreicht, kommt man praktisch zu allen relevanten Orten die ein Besucher von Bangkok erreichen möchte.

Die zweite sehr angenehme Möglichkeit Bangkok zu erkunden sind die **Taxiboote** auf dem **Menam Chao Praya Fluss**. Ich werde später darüber berichten.

Man konnte es kaum glauben, wenn man die Menschenmassen sah, die auf den **Bahnhöfen der Skytrain** standen und auf den nächsten Zug warteten, aber es ging wunderbar geordnet und ganz ohne Hektik von dem Zug heraus und wieder hinein. Die Bahn hielt immer an besonders gekennzeichneten Stellen, an denen die Türen aufgingen.

Mit Pfeilen war genau geregelt, wo aus und auch eingestiegen werden musste und jeder hielt sich daran, so entstand einfach kein Stau und das Aus und Einsteigen ging ohne Probleme von statten. Die **Station** an der ich den Zug verließ, hieß **Chit Lom**, eine Station vor Siam. Die Skytrain teilte sich in zwei Routen. Die eine Route nannte sich **Siam Line** und die andere **Sukhumvit Line**. Man nutzte einen großen Umsteigebahnhof um von einer Linie in die andere zu wechseln. Dieser **Umsteigebahnhof** hieß **Siam**.

Es ging wesentlich schneller und war dazu angenehmer mit der Skytrain die Stadt zu erkunden, als mit Bussen und Taxis. Alle relevanten Plätze in Bangkok waren praktisch mit der Bahn zu erreichen.

An bestimmten Stationen konnte man auch noch die **U-Bahn** nehmen, was ich allerdings nicht ausprobierte.

Während ich auf einen Termin im Nagelstudio warten musste, lies ich mir im **Siam Center**, an der **Siam Station der Skytrain**, einen köstlichen Café Latte schmecken.
Das Center gehörte zu einem der vielen Einkaufszentren der Stadt. Es machte den Anschein, dass es dort vor allem hochpreisige Waren zu erstehen gab. Alle bekannten Designer aus der Modewelt waren vertreten. Zum Shoppen blieb mir noch genügend Zeit, zu erst wollte ich mir nur alles ansehen.

So verwöhnt wie im Nagelstudio, wurde ich schon lange nicht mehr. Meine Hände sahen wieder gepflegt aus und auch meine Füße konnten sich sehen lassen. Ich bekam eine komplette Maniküre und Pediküre inklusive Hand und Fußmassage. Es kostete mich zwar alles in allem umgerechnet **50 Euro**, aber das war es allemal wert. Zwei reizende junge Damen kümmerten sich gleichzeitig um mich, eine für die Fingernägel und die andere für die Füße. Ich fühlte mich wie eine Prinzessin.

Die Heimfahrt gelang mir ohne Probleme, zumal mir meine Wirtin alle Hinweise auch noch in Thai aufgeschrieben hatte.

Auf der Terrasse am Pool meines Hotels spülte ich den Staub der Megastadt mit einem kalten Bier hinunter. Zu Abend aß ich bereits unterwegs. Direkt an der **Station On Nut** öffnete ein kleiner Nachtmarkt mit vielen Essensständen und ich ließ mir eine köstliche **Mee (Suppe)** schmecken.
In einer vorgekochten Brühe wurden verschiedene Gemüsesorten, Hühnerfleisch, Reis oder Nudeln nach belieben hinein getan. Der Gast bekam die Möglichkeit unter verschiedensten Zutaten zu wählen. Gewürze und scharfe Soßen standen auf den Tischen. Es schmeckte köstlich.

Die Fahrkarte zum **Khao Yai Nationalpark**, meiner nächsten Reisestation, wollte ich zwei Tage später kaufen, dann würde ich nochmal nach Bangkok hinein fahren. Mittlerweile wusste ich ja, wie es ging.Übrigens fuhr ich *nicht* mit dem **blauen Songtaew** zurück, sondern nahm vom **Tesco Lotus** *(thailändische Einkaufskette)* ein Taxi. Ich war mir nicht sicher ob ich in der Dunkelheit die Ecke an der ich

zu meinem Hotel aussteigen musste, wiedererkennen würde.
Als ich am Hotel ankam lass meine Wirtin dem Taxifahrer gehörig die Leviten. Sie beschimpfte ihn, weil er mir bedeutend mehr Geld für die Fahrt abgenommen hatte, als es für diese Strecke üblich war.

Am Tage war die kleine **Außengemeinde von Bangkok** recht unansehnlich, nach Sonnenuntergang erblühte die Gegend allerdings zum Leben. In den kleinen schmalen Gassen wurden Stände aufgebaut an denen man verschiedenste Waren erstehen konnte.

Kleidung und Hausrat gehörten genau so dazu, wie Obst und Gemüse und natürlich auch diverse Garküchen. Ich kaufte für diesen Abend und auch für mein Frühstück am kommenden Morgen einiges an vorgeschnittenem Obst ein. An einem Stand brutzelten lecker riechende Hähnchenspiesse auf dem Grill, ich konnte nicht widerstehen. Es gab eine süß-scharfe Erdnusssoße dazu.

Ich sage nur eines, *mmmhhh*.

Leider kam ich nicht in meinen email Account rein. Am Abend wurde das Netz sicherlich sehr stark genutzt. Deshalb wollte ich es am Morgen nach dem Frühstück noch einmal versuchen. In der Zwischenzeit unterhielt ich mich mit einem Gast des Hauses, der hier eine Firma leitete, die Golfzubehör vertrieb.

Er war auch Deutscher, lebte aber mit seiner chinesischen Ehefrau in Hongkong, wo sich auch sein Firmenhauptsitz befand. Seiner Meinung nach würde es sehr schwierig werden in Thailand zu arbeiten, wenn man nicht angestellt war. Vielleicht konnte er mir ein paar Tipps geben, wie man sich hier selbstständig machen kann. Einiges erzählte er mir schon, es passte aber nicht auf meine Tochter, die auch in Thailand noch berufstätig sein müsste.

28. März 2011 – Zweiter Tag in Bangkok

Am Morgen war ich im Internet bei www.wetter.com um die Lage in mein bevorzugtes Reisegebiet zu checken. Leider sah es zu jenem Zeitpunkt nicht wirklich gut aus. Im Nord-Osten regnete es und es war kalt geworden. Auch in Hua Hin sah es zur Zeit nicht besser aus.

Die Thai teilten meine Irritation, denn eigentlich war es gar nicht die Zeit für solche Wettereskapaden. Um diese Zeit herrschte dort trockene, heiße Witterung vor und das im ganzen Land. Ich wollte auf jeden Fall die Fahrt zum **Khao Yai Nationalpark** buchen, dann würde ich weitersehen.

Der **Khao Yai Nationalpark** liegt etwa 130 km von Bangkok entfernt in Richtung Osten. Er ist der **älteste Nationalpark Thailands** und laut meines Reiseführers einen Besuch wert.

Der Eingang zum Park liegt bei der **Stadt Pak Chong** in deren Nähe es auch eine Bahnstation gibt. Der Zug verlässt Bangkok täglich mehrere Male. Von Pak Chong aus nimmt man entweder ein Songta-ew, ein Taxi oder man lässt sich von seinem gebuchten Ressort abholen.

In den Ressorts kann man Touren in den Park buchen. Man sollte sich besser nicht alleine in den Dschungel begeben, trotz der recht guten Kartenmaterialien, die man bekommt. Ein ortskundiger Führer ist einfach sicherer, zumal an vielen Stellen nicht mal das Handy funktioniert. Sollte sich etwa ein schlimmes Wetter ankündigen, dachte ich darüber nach, meinen Rückflug vorzuverlegen und das Hotel in Bangkok, das ich zum Ende gebucht hatte umzubuchen.

Erst mal blieb alles wie geplant.

In einem Café am Tesco Lotus beobachtete ich, bei einem Eisshake, das Abfahren der vielen Busse, Taxis und Songteaws, deren Checkpoint vorm Einkaufscenter lag. Auf die gegenüber liegende Straßenseite führte eine Fußgängerbrücke. Dort kamen die Fahrzeuge aus Bangkok an.

Trotzdem die Sonne sich hinter den Wolken versteckte war es angenehm warm. Im Center hatte ein Optiker sein Geschäft. Ich wollte versuchen neue Gläser in die Brille meiner Tochter einsetzen zu lassen. Leider konnte er die Zahlen auf dem Schein vom deutschen Optiker, der die relevanten Daten für die Gläser enthielt, nicht entziffern. Statt dessen legte ich mein Geld in ein paar neue Turnschuhe und ein neues Portemonnaie an.

29.März 2011 – Dritter Tag in Bangkok

Am Morgen kamen noch neue Gäste an, die noch zwei Tage im Hotel wohnten bevor sie wieder nach Hause flogen. Ein Ehepaar aus Deutschland mit Namen Frank und Petra. Frank war Lokomotivführer und arbeitete in der Schweiz und Petra betrieb als eBay Powersellerin einen Onlineshop. Außerdem waren noch Jürgen aus Hongkong und sein englischer Freund Tery da und wir hatten einen netten Abend alle zusammen.

Dieser Jürgen war ein typischer Workaholic der den ganzen Tag mit seinem Business unter Strom stand. Der Stress machte ihn scheinbar auch schon sehr krank. Er litt an einer Gleichgewichtsstörung, die ihn zeitweilig schachmatt setzte. Er qualmte, wie eine Dampfmaschine und trank etliche Biere am Tag. Essen, hingegen, schien nicht so wichtig zu sein. Naja, schließlich muss jeder selbst entscheiden, wo seine Prioritäten liegen.

Am nächsten morgen wollte er früh mit Tery und einer Angestellten einen Kunden in Bangkok besuchen und würde mich dann mitnehmen und in der Nähe vom Bus Bahnhof absetzen. War auch nicht übel, so konnte ich mir die lange Fahrzeit sparen.

30.März 2011 – Vierter Tag in Bangkok

Die eingesparte Zeit war dann doch nicht so üppig, wie ich dachte. Jürgen fuhr über die Ringstraße nach Bangkok. Die Strecke fuhr sich zwar recht gut, war dafür aber um etliche Kilometer weiter von meinem eigentlichen Ziel, dem Busbahnhof, entfernt.

Ich bat Jürgen mich an einer Station der **Skytrain** ab zu setzen. Ich nahm die **Siam Line** bis **Mo Chit** überquerte die Straße und nach ein paar Metern erreichte ich den **Eastern Busterminal**.

Auf meinem Weg dort hin passierte ich eine Unzahl von **Gartencentern** die direkt an der Hauptstraße lagen. Die Vielzahl an Pflanzen war traumhaft. Wer sich für seinen Garten oder die Terrasse eindecken möchte war hier sicherlich an der richtigen Adresse. In einem Geschäft wurden ausschließlich **Bonsaibäume** in allen Größen und Varianten angeboten. Ein Traum für alle Liebhaber dieser japanischen Zwerggewächse. Die Inhaber verpflichten sich erstens die Pflanzen an zu liefern und zweitens auch die fachmännische Pflege zu übernehmen.

Den Weg zum **Busbahnhof** hätte ich mir allerdings sparen können. Bustickets bekam man immer erst am Reisetag, man sollte etwa eine Stunde vor der Abfahrt dort sein, dann würde es keine Probleme geben ein Ticket zu ergattern. Außerdem fuhren die Busse öfter am Tag.

Nun war ich schon mal in Bangkok und wollte auch den Tag dort verbringen. Ich fuhr zurück zum **Siam Center** und suchte mir auf der **Sukhumvit Road** ein Restaurant.

Ich bestellte **Papayasalat** und einen **Wassermelonensaft**, der war einfach genial. Er löschte den Durst und schmeckte super. Ich bestand immer auf einen „*nature*", das bedeutete, der Saft hatte nur seinen eigenen Fruchtzucker, sonst nichts.

Die **Sukhumvit Road** ist einer von drei Punkten in **Bangkok**, die von den meisten Touristen während ihres Aufenthaltes in Thailands Hauptstadt besucht werden.

Diese breite und stark befahrene **Hauptstraße** durchquert Bangkok in **Nord-Süd Richtung** und auch die eine **Skytrain Linie** ist nach ihr benannt. Man findet rechts und links Massen an Hotels, Geschäften, Restaurants und die großen Shoppingcenter.

Der **Siam Square**, von den Thai nur *„Siam"* genannt, ist die große Kreuzung zur **Silom Road** und gleichzeitig der **Umsteigebahnhof** zur **Silom Line der Skytrain**. Außerdem kann man auch noch die **Metro** *(U-Bahn)* von hier aus nutzen.

Die Zugänge zu den Shoppingcentern befinden sich immer an den jeweiligen Stationen der Skytrain. Schön ist auch der **Skywalk**, ein Brückenweg, der sich einige Kilometer über der **Sukhumvit Road** zwischen den Stationen der Skytrain befindet. Ein toller Spaziergang, ohne hinderlichen Straßenverkehr.

Die **Silom Road** durchquert Bangkok in **Ost-West Richtung**, führt durch angesagte **Vergnügungsviertel**, wie **Patpong** und auf den **Mauthighway zum Airport Survarnabhumi**.

Mit der **Metro** erreicht man die **Außenbezirke von Bangkok** in denen besser verdienende Thailänder wohnen. Bei meinem nächsten Besuch werde ich mir das mal ansehen.

Am **Siam Square** befindet sich auch eine kleine grüne Insel im Moloch, der **Lumpini Park**. Man durchläuft ihn locker in 20-25 Minuten. Viele Menschen verbringen hier ihre karge Freizeit mit Thai Chi oder anderen fernöstlichen Bewegungspraktiken.

Lumpini Park in Bangkok

Studenten sitzen unter den Bäumen am künstlich angelegten See und lesen ihre Bücher. Es gibt sogar eine öffentliche Muckibude unter freiem Himmel, ganz zur Freude der Damen.

Am Abend ändert sich allerdings das Publikum. Rauschgiftdealer und andere zwielichtige Gestalten halten sich dann im Park auf. Es kommt immer wieder zu rigiden Polizeieinsätzen, auf die man sicher verzichten kann.

In dem Moment als meine Bestellung kam, traute ich meinen Augen kaum, denn da schritt doch auf Schusters Rappen der Jürgen direkt auf mich zu. Er lachte und meinte, das es ja wohl schon fast ein Wunder wäre, wenn man sich in dieser Stadt einfach so über den Weg liefe. Das konnte man wohl sagen. Ich überredete ihn mit mir die **Skytrain** bis nach **On Nut** zu nutzen und von dort ein Taxi zu nehmen.

Er war wirklich sehr überrascht, wie schnell wir an der Station waren, mit dem Taxi wären wir noch keine hundert Meter weit gekommen. In **On Nut** bekamen wir dann auch sofort ein Taxi und fuhren zusammen zurück nach **Banglang Pli**, so hieß der Außenbezirk von Bangkok in dem unser Hotel lag und von dem man direkt zum Flughafen gelangte.

Wir wurden bereits von Frank, Petra und Tery erwartet. Es war für uns alle der letzte Abend und wir wollten noch bei einem Bierchen etwas zusammensitzen.

31.März 2011 – Abfahrt zum Khao Yai

Morgens um 10:00 Uhr reiste ich ab.
Ich nahm ein Taxi zum Busbahnhof. Innerhalb einer viertel Stunde hatte ich mein Ticket und belegte den Sitz Nr. 22 im Bus nach **Pak Chong**. Die Busfahrt war typisch thailändisch. Aus dem Fernseher, der sich über dem Kopf des Fahrers befand, ergoss sich laute Musik, die immer wieder unterbrochen wurde von einer Art Rätselsendung. Den Thais gefiel das, nun ja, da musste ich eben durch.

In **Pak Chong** angekommen wählte ich die Nummer von dem Ressort, dass ich mir aus meinem Reiseführer rausgesucht hatte. Es sollte einem Deutschen gehören. Leider bekam ich keine Verbindung, es war immer nur besetzt und es war zu weit um einfach ohne Anmeldung hin zu fahren. Schließlich bestand immerhin die Möglichkeit, dass ich dort niemanden antreffen würde, es waren Ferien in Thailand. Vielleicht war er mit seiner Familie weg gefahren.

Kurzer Hand suchte ich mir ein anderes Ressort heraus, rief die angegebene Nummer an und wurde an der Bushalte vor dem **7eleven** abgeholt. Ein Minibus hielt direkt vor mir und eine freundlich lächelnde junge Frau begrüßte mich, nahm mein Gepäck entgegen und nach 25 Minuten Fahrt erreichten wir unser Ziel.

Nach einer erfrischenden Dusche saß ich in einem wunderschönen Ressort mitten in einem eigenen kleinen Dschungel. Mein Bungalow war traumhaft, wie die ganze Anlage. Die reizende Chefin war sehr rührig und ich buchte bereits für den nächsten Tag eine Dschungeltour.

Die Anlage war oberhalb eines rauschenden Flusses angelegt, auf den man hinunter blicken konnte, wenn man auf der Terrasse seines Bungalows saß. Während meines Aufenthaltes war die Anlage kaum besucht. Der Grund dafür war, dass eigentlich keine Touristenreisesaison war und so konnte ich den einen von zwei Swimmingpools alleine nutzen. Das war Wellness für die Seele. Die Vögel zwitscherten in allen Tonlagen und die wunderschönsten Schmetterlinge flatterten von Blüte zu Blüte.

Unter mir rauschte leise der Fluss vorbei, der direkt dem **Khao Yai Nationalpark** entsprang.

Ich wollte eigentlich meine Tochter anrufen, doch meine Pre Paid Karte war leer. Meine Wirtin bot mir an zum kommenden Tag eine neue Karte zu besorgen. Sicherer wäre es auf jeden Fall eine Karte in Reserve zu nehmen. Ich war schließlich nicht mehr in Bangkok, wo man an jeder Ecke praktisch alles bekam.

Zum Abendessen hatte ich frisches Gemüse mit Reis, war wieder köstlich. Das Internet besuchte ich auch schon und schrieb Mails an meine Lieben. Nach der obligatorischen Zigarette vor dem zu Bett gehen, die ich auf meiner Terrasse genoss, legte ich mich schlafen.

Am Morgen früh um 7:00 Uhr brachen wir zur **Dschungeltour** auf. Für diesen Ausflug, auf den ich mich riesig freute, sollte man einen ganzen Tag einplanen und gut ausgeruht sein.

Bungalow im Khao Yai Nationalpark

Meine Wellness Oase! Ein Swimmingpool ganz für mich alleine.

Weg zum Restaurant

Erklärung ...

Noch ein paar Anmerkungen zu dem **Khao Yai Ressort**.
Es schien nagelneu zu sein oder, es war einfach nur sehr gepflegt. Mein Zimmer war riesig.

Das Bad bestand aus drei Räumen:
der Toilette, einem Waschtischraum in der Mitte und einem großen separaten Duschraum.

Der Tagespreis von **1300 Bath** inkl. Frühstück, das waren umgerechnet etwa **30 Euro**, entsprach zwar nicht der preiswertesten Variante, war jedoch allemal gerechtfertigt.
Wahrscheinlich würde man in einem ähnlichen Ressort in der Karibik mindestens das Doppelte zahlen müssen.

In der Speisekarte lass ich die Beschreibung des Ressorts. Es wurde **ausgesprochen umweltgerecht** geführt. Den Strom erzeugten sie durch Wasserkraft. Der Fluss war zügig unterwegs und speiste einen Generator.

Plastikflaschen wurden ausschließlich für die Touren ausgegeben, die dann aber nach der Tour wieder von den Guides eingesammelt werden. Das Toilettenpapier landete in speziellen Eimern und wurde täglich verbrannt. Als Putzmittel und Waschmittel kommen nur umweltfreundliche Produkte zum Einsatz.

Die Speisen werden **ohne Zusatz von Glutamat** oder ähnlichen Geschmacksverstärkern gekocht. Das war auch vollkommen unnötig, weil jeden Tag frische Zutaten verwendet wurden.

01.April 2011 – Dschungeltour im Khai Yai

Mein Wecker klingelte. Es war 7:00 Uhr und an meiner Tür klopfte es, Zeit zum Aufstehen, der Dschungel rief. Ich war bereits wach.

Der Grund dafür war ein niedlicher, bunter Hahn, der sich dazu berufen fühlte exakt ab 3:30 Uhr mit seinem Tenor den Tag zu begrüßen. Er flog doch tatsächlich auf den Baum, der direkt vor meiner Tür stand und krähte aus Leibeskräften was seine Kehle her gab.

Der Hahn - er lebt noch!!!

Scheinbar war er der Oberhahn, denn durch sein Gekrähe fühlten sich alle Hähne im Umkreis dazu animiert, einzustimmen.

Das reinste Krähkonzert. Hörte der Eine auf stimmte der Nächste sein „Instrument" an. Zeitweilig hatte ich ein bestimmtes Bild vor Augen : Ich mit einem Hackebeil bewaffnet auf Hähnchenjagd. Bisher war das nur eine Vision, doch ich blieb ja noch zwei Nächte!!!

Nach dem Frühstück wurden wir, elf Leute plus Guide und zwei Fahrer, auf zwei Wagen verteilt und es ging ab zum **Khao Yai Nationalpark.** Das Wetter war ideal für unseren Ausflug, etwas bewölkt und gute 28 Grad warm.

Die Fahrt dauerte etwa eine Stunde, wobei wir immer mehr von der schönen Natur zu sehen bekamen. Wir fuhren mit den Fahrzeugen kontinuierlich empor in das immergrüne Gebirge.

Der **höchste Punkt** lag immerhin in **1300 m Höhe**. Je höher wir kamen, desto kälter wurde es. Kälter?

Na ja, nur unwesentlich, so um die 25 Grad waren es immer noch. Die Höhe der Luftfeuchtigkeit schien im Nord-Osten im Allgemeinen sehr angenehm zu sein. Auch wenn man sich in unmittelbarer Nähe des Regenwaldes befand, fiel das Atmen leicht und laufen stellte kein

Problem dar. Ich würde sagen, es ähnelte einem Hochsommertag in Deutschland. Unser erster Halt war an der Rangerstation oder anders gesagt der Parkverwaltung, wo unser Wanderführer uns mit **Leeches-socken** und Wasserflaschen ausrüstete.

Auf der anschließenden Weiterfahrt kamen wir nur langsam voran, weil es auf dem Weg immer wieder Affen, Vögel und schwarz-weiße, etwa Skunk große Eichhörnchen zu sehen gab.

Dann hielten wir auf einem Aussichtspunkt der gekrönt wurde von einem atemberaubenden Panorama. Wer den Hollywood Film Jurassic Park kennt, wird verstehen, was ich meine.

Die Landschaft gestaltete sich bergig, mit tiefen Tälern und Wäldern soweit das Auge sehen konnte. Ich hatte zuvor noch nichts schöneres und gigantischeres gesehen. Es fehlte nur noch der markante Schrei des T-Rex und die Gänsehaut bildende Szene aus besagtem Kinoerfolg wäre perfekt gewesen.

Am Straßenrand lebten Affen und Rehe in einträchtiger Harmonie, die durch die Fütterung der Touristen ihre natürliche Scheu verloren zu haben schienen.

Beim nächsten Halt verließen wir die Fahrzeuge und starteten zu unserem Dschungelmarsch. Wir drangen immer tiefer in das Gewirr aus Baumstämmen ein. Einige der Giganten verfügten über einen so massigen Stamm, dass der sich bereits zu teilen begann.

Besonders zu beobachten war dieses bizarre Wachstum bei den riesigen **Feigenbäumen.** Die Feigenbäume, die ich zu sehen bekam ähnelten eher Höhlen in der Größe von Kathedralen. Einfach genial.

Unser Weg führte bergauf und wieder bergab. Es wurde zunehmend schwüler und der Schweiß suchte sich Sturzflutartig seinen Weg nach außen. Binnen von Minuten waren wir von Kopf bis Fuß vom eigenen Schweiß durchnässt.Unser Guide war auf der Suche nach den selten gewordenen **Weißkopf Gibbonaffen**, deren Population in den letzten Jahren jedoch wieder erfreulich zugenommen haben soll. Die Suche nach ihnen sollte uns immer tiefer in den Dschungel hineinführen.

Wir passierten alte Bäume, deren Kronen nicht zu erkennen waren, so hoch streckten sie sich dem Licht entgegen. Von einem Baum nahm unser Guide etwas Rinde ab und ließ uns daran schnuppern. Es roch herrlich nach Zimt, denn es handelte sich um das Gewächs, welches uns dieses Gewürz beschert und so manchen Weihnachtsbäcker glücklich macht.

Selbst **alte Teakholzbäume** waren vorhanden und mit besonderem Interesse verfolgte ich die Ausführungen unseres Führers, der über gute Kenntnisse der Vegetation verfügte. Laut seiner Auskunft, fand man wohl eine Teakholzbaumart, deren Züchtung gelungen sei.

Auch weiterhin werden **Möbel** und andere Dinge aus **Teakholz** produziert, jedoch wohl schon seit vielen Jahren nur noch aus gezüchteten Baumbeständen

 *Erklärung ...*

*Die **Leechesocken** schützen vor den sehr gefräßigen **Blutegeln** (engl. Leeches), denen man natürlich im Regenwald nicht ausweichen kann.*

*Der **Feigenbaum** ist unter den Zimmerpflanzen als **Fikus** bekannt und ziert in der Heimat so manches Wohnzimmer.*

***Teakholz** sieht nicht nur besonders schön und elegant aus, es ist auch ausgesprochen Witterungsbeständig.*

Dieser Aspekt war in den Tropen auch immer schon der Grund, mit diesem Holz zu bauen oder Mobiliar an zu fertigen.
In den Gebieten, wie auch in Thailand, wo die Luftfeuchtigkeit besonders hoch ist, kann man Häuser sehen, die heute noch bewohnt werden und bereits 100 und mehr Jahre alt sind.

*Daraus ist also zu schließen, nicht der Gebrauch dieser Hölzer in diesen Regionen hat zum Aussterben vieler **Tropenbäume** geführt. Es waren wir Europäer, die von diesem Holz unbedingt Möbel haben wollten und sie gnadenlos abholzen ließen.*

Ich will mal zwischendurch ein Detail beschreiben, was mich etwas ärgerte. Ich glaube, manche Leute verwechseln einen Dschungelmarsch mit einem Spaziergang durch den Schwarzwald.

Will man überhaupt die Chance haben irgendein Tier zu Gesicht zu bekommen, ist es unabdingbar besonders vorsichtig zu laufen und absolute Ruhe zu bewahren.

Meine Gruppe plapperte ununterbrochen und bewegte sich wie eine Elefantenherde durch den Wald. Dann blieben sie auch noch ewig stehen um Sprays zu benutzen gegen irgendwelches Getier.

Erstens helfen diese Umweltsünder nur bedingt gegen das Viehzeug und zweitens bedeutet stehen bleiben im Dschungel fast immer, dass Insekten erst recht zu einer Attacke animiert werden.

Wir hatten von unserem Guide ja bereits das wichtigste Utensil, die **Leechessocken,** erhalten. Gegen die gefürchteten Blutegel waren wir gefeit. Autan oder ähnliche Mittel helfen nur für kurze Zeit und in dem Moment, wenn man anfängt zu schwitzen, verlieren sie ihre Wirkung praktisch sofort. Wenn sprühen, dann *bevor* man sich auf den Weg macht.

Unser wirklich überaus liebreizender Guide, beschwerte sich natürlich nicht, wenn er immer wieder auf Nachzügler achten und sie zum wiederholten Male um etwas mehr Ruhe bitten musste. Ich versuchte es ein paar Mal mit Bemerkungen wie: *„Es ist viel zu laut"*, oder *„die Tiere hören uns schon meilenweit"*, jedoch nur mit begrenztem Erfolg. Das wir trotzdem erfolgreich die **Gibbons** fanden, erfüllte dann doch alle mit Freude und endlich auch mit der nötigen Ruhe.

Nach einem Fußmarsch von gut und gerne 1 ½ Stunden, sahen wir sie endlich, die lang ersehnten und gesuchten **Gibbons.** Filmaufnahmen mit meiner Handycam konnte ich mir dennoch sparen. Die Tiere tummelten sich in den Wipfeln der 20-25 m hohen Bäume und waren nur mit Teleobjektiven zu erkennen.

Wir konnten sie durch die Stativfernrohre, die der Guide mit genommen hatte, sehr gut sehen. Puppige, kleine Wuschelchen, mit einem braun-weißen Körper, einem weißen Buschelschwanz, braunem Gesicht und auf dem Kopf ein seidig weißes Häubchen.

Soooo, süüüüss! Sie tobten dort in schwindelerregender Höhe herum, als wären sie auf der Erde. Wir konnten uns gar nicht von dem Anblick trennen und sahen dem Treiben eine lange Zeit zu.

Manche der niedlichen Kerlchen hatten uns natürlich schon ins Visier genommen. Wir konnten durch die Fernrohre sehen, wie sie auf uns hinunter sahen und dabei keinerlei Angst erkennen ließen.

Wir hatten schließlich keine Waffen dabei, die sie von den Wilderern leider gewohnt waren. In den **Khao Yai** kommen diese Verbrecher auch nicht, der Park wird zu gut bewacht.

Nach einem weiteren Fußmarsch von einer Stunde erreichten wir wieder unsere Autos. Nach diesem schweißtreibenden Marsch hatten wir uns eine Stärkung verdient. Also, fuhren wir zu einem einfachen Restaurant, in dem uns ein sehr leckeres Essen serviert wurde.

Wir pausierten etwa eine Stunde. Unser nächstes Ziel war ein **Wasserfall** der in dem Hollywood Streifen *„The Beach"* vorkommen soll. Dort soll, laut Film, der *Mime* **Leonardo di Caprio** während der Flucht vor seinen Verfolgern ins Becken unterhalb des Wasserfalles gesprungen sein. Wer es glaubt, wird selig.

Bei der Betrachtung des **Wasserfalls** und des Beckens bezweifelte ich, das er diese Aktion überlebt hätte. Selbst in der **Regenzeit**, in der das Becken sicherlich voll aufgefüllt gewesen wäre und das Wasser mit Getöse die **10 m Höhenunterschied** überwinden würde, wären da immer noch die riesigen spitzen Steinblöcke, die das Becken füllten. Er hätte sich alle Knochen im Leib gebrochen, das ist mal sicher.

Die Filmemacher verfügen eben über eine unerschöpfliche Trickkiste, um uns Zuschauer zu foppen. Auch das Jurassic Park Feeling überkam uns nach der anschließenden Weiterfahrt noch einmal.

Hätte ich gewusst, das der vor bezeichnete Wasserfall wirklich nicht sehr spektakulär war, wären mir die Aufnahmen von dem Panorama wichtiger gewesen. Meine Kamera gab ihren Geist auf und so fehlten die spektakulärsten Naturaufnahmen.

So geht das eben, wenn man dummerweise vergaß den Akku aufzuladen. Und der Fotoapparat: der spinnte ja wohl total. Ich konnte nicht einmal das Objektiv heraus fahren. Als wir im Hotel waren funktionierte er wieder einwandfrei. Warum also sollte ich keine Bilder machen dürfen? Komische Sache.

Den *„The Beach Wasserfall"* fuhren wir nochmals an um in seinem Becken zu baden. Durch die Trockenheit war aber kaum Wasser im Becken und die Ranger hatten ihn gesperrt.

Wir gingen zu Fuß weiter, immer am Fluss entlang und manchmal auch darüber, tiefer in den **Dschungel** hinein. Auf glitschigen Steinen überquerten wir den Fluss ohne hinein zu fallen, was gar nicht so einfach war. Es sollte noch einen anderen **Wasserfall** geben mit einem gut gefüllten Bassin.

Nach einer halben Stunde schweißtreibenden Fußmarsches erreichten wir einen **Wasserfall** mit gut gefüllter „Badewanne".

Der anstrengende Fußmarsch hatte sich wirklich gelohnt. Auf einer Breite von etwa 50 Metern ergoss sich eine Kaskade in ein Bassin, dessen Überlauf sich zu einem ziemlich rasant fließenden Bach mauserte.

Auf dem Bauch über die Steine rutschend erreichte ich das steinfreie Becken und paddelte eine Weile in dem samtweichen Wasser herum.

Es roch nach Wald, nach Blättern und Erde mineralhaltig, wie Eisen. Welch eine wunderbare Erfrischung. Ein ausgewachsener **Hornbill** Vogel flog zu guter Letzt auch noch dicht über unsere Köpfe hinweg zum Ende der Schlucht.

Bei Familie **Hornbill** ist Papa-Vogel der Herr des Hauses und für die Aufzucht der Jungen zuständig. Er ist vom guten Willen seiner Angetrauten abhängig, ihn mit Futter zu versorgen. Scheinbar hatte Madame genau das vor, denn der Baum trug große Früchte, die sie in ihren Schnabel gleiten ließ. Hornbills leben ihr Leben lang monogam.

Wir kraxelten hinterher, um den großen Vogel auf Zelluloid zu bannen, was uns auch gelang. Danach zogen wir uns wieder an und marschierten den gleichen Weg zurück.

Nach dem Besuch beim Wasserfall fuhren wir wieder bergab. Wir wollten den **Wasserstellen** und **Mineralstoffquellen** der **Elefanten** einen Besuch abstatten, in der Hoffnung auch den einen oder anderen Dickhäuter vor die Linse zu bekommen.

Eine äußerst seltene Begegnung durften wir noch auf der Weiterfahrt erleben. Etwa fünf Meter vor unserem Auto überquerte ein **Leopard** die Straße. Uns blieb natürlich keine Zeit auch nur den Hauch eines Fotos zu machen, so schnell war der im Wald verschwunden und durch sein geflecktes Fell im Unterholz unmöglich auszumachen.

Nach Auskunft unseres Guides war er etwa ein Jahr alt und somit noch nicht von seiner Mutter entwöhnt. Die Mama war unter Garantie in der Nähe, worauf er uns verbot das Auto zu verlassen. Es könnte lebensgefährlich für uns werden.

Die beiden Fahrer lieferten sich auf der steilen Abfahrt eine Art Rallye Monte Carlo. Wir hatten viel Spaß und der Fahrtwind trocknet unsere durchnässte Kleidung im Nu. Und dann ... – eine Vollbremsung!!

Im Dickicht, gleich an der Straße, der erste **freilebende Elefant**, den ich je zu Gesicht bekommen hatte. Er war allein und schmauste sich durch das dichte Gestrüpp. Wir sollten in den Autos bleiben.

Eigentlich sind diese Dickhäuter äußerst gutmütig es sei denn, sie sind von ihrer Herde als Späher aus geschickt worden. Dann empfinden sie jede Störung als Angriff.

Leider kann niemand voraussagen, was in ihren großen Köpfen vorgeht. Der vor uns stehende jedenfalls ließ sich von uns bei seinem Festmahl nicht im Geringsten stören.

Nach einem längeren Aufenthalt, so lange, wie seine Majestät schmatzte, ging es weiter auf unserem Weg zurück ins Hotel.

Es wurde bereits dunkel. Wie aus dem Nichts tauchte da plötzlich ein **großer Bulle** an einer Mineralstoffquelle neben der Straße auf und bohrte seinen Rüssel immer wieder in die Erde.

Zwischendurch hob er sein mächtiges Riech- und Tastorgan in unsere Richtung. Er prüfte ob wir harmlos rochen. Scheinbar bestanden wir die Prüfung, er ließ sich nicht stören und fischte die Mineralstoffe genüsslich weiter aus dem Boden. Mit der Weile trafen auch noch andere Jeeps an dieser Stelle ein. Alle Anwesenden waren tatsächlich mucksmäuschen still.

Die **Mineralien** die an bestimmten Stellen im Dschungel seit ewigen Zeiten im Boden schlummern, holen sich **Elefanten** in regelmäßigen Abständen für die Gesundheit ihrer Knochen und Muskeln. Sie finden diese Stellen immer wieder und geben dieses Wissen auch an ihre Kinder weiter.

Fazit - Dschungeltour

Die Dschungeltour war ein Erfolg!

Wir sahen alle Tiere, die wir uns zu sehen wünschten.

Unser Guide machte einen sehr guten Job.

Im Hotel angekommen musste ich erst mal raus aus meinen verschwitzten Klamotten und unter die Dusche springen.

Danach gingen alle Lampen wieder voll an und ich merkte, dass ich doch ziemlich hungrig war.

Mein Abendessen nahm ich unterm Sternenhimmel ein. Ich lies mir eine Spezialität aus dem Isarn servieren: Hähnchen broiled (gekocht, wie Hackfleisch in der Konsistenz), mit frischem Gemüse, Koriander, Knoblauch und Chili. Dazu einen frischen Wassermelonen Juice. Es schmeckte köstlich.

02. April 2011 – Letzter Tag im Khao Yai

Der nächsten Tag sollte ein ruhiger Hoteltag werden, mit schwimmen und relaxen.

Vor wenigen Minuten erlebte ich zum ersten Mal, was es hieß, wenn es im **Dschungel** regnete. Als hätte im Himmel jemand eine Schleuse geöffnet, prasselte der Regen auf die Dächer der Bungalows und im gleichen Augenblick bildeten sich kleine Seen auf der Terrasse des Pools.
Ich konnte mich gerade noch unter ein vorstehendes Dach flüchten. So schnell, wie er begann, war der Regen auch schon wieder vorbei. Das Wasser vom Schwimmbecken war durch die Flut herrlich weich und so schwamm ich meine Runden in gefühlter Seide.

Mein gestriges Telefonat mit meiner Tochter machte mir ein wenig Sorge. Im **Golf von Siam** wütete ein heftiges Unwetter und auf **Ko Samui** gab es bereits über 20 Tote zu beklagen. Sie hatten alle Touristen evakuiert.
Steffi meinte, die Bilder in den Nachrichten seien erschreckend. Alles stehe einen Meter hoch unter Wasser und die Menschen wurden mit Booten raus geholt. Über die Gegend um **Hua Hin**, in der ich die letzte Woche meines Urlaubs verbringen möchte, gab es wohl bisher noch keine Meldungen. Allerdings schien sich das Unwetter nach Westen zu verlagern, denn man evakuierte wohl bereits **Phuket**.

Die dichte Wolkendecke über mir zeigte einige blaue Lücken, die Sonne eroberte sich ihr Terrain wieder zurück und es wurde noch ein sehr schöner Tag. Der Regen hatte von den Bäumen watteähnliche Blüten gespült. Sie segelten durch die Luft und es sah aus als hätte es geschneit.

„Suche Deine eigene Weisheit

in Dir selbst"

03. April 2011 – Abreise nach Korat

Abreisetag
Mein ausgewähltes Hotel in **Korat** buchte ich bereits telefonisch vom **Khao Yai Ressort** aus. Es handelte sich dabei um ein **Guesthouse**, das in meinem Reiseführer wärmstens empfohlen wurde. Mein Aufenthalt in Korat sollte drei bis vier Nächte betragen.

Die **Tempelbauten von Phimai**, die ich mir unbedingt ansehen wollte, waren von Korat aus mit dem Bus gut zu erreichen. Die Stadt **Phimai** liegt an dem sogenannten **History Highway**.
Die Menschen im Grenzgebiet zwischen Kambodscha und Thailand kannten noch andere Namen für diesen Weg, der von der gemeinsamen Kulturgeschichte erzählte, deren Grundstein während der Zeit des Gottkönigtums des **Khmer Reiches** gelegt wurde.
An dieser Straße befinden sich, allein im **Isarn**, insgesamt an die 300 Tempelruinen Die berühmteste steht aber auf kambodschanischem Gebiet - **Angkor Wat**.

Die Anlage in Phimai soll wohl eine der ältesten sein und ihre Architektur als Vorbild für das große Angkor Wat gelten. Ich war schon sehr gespannt, denn Angkor Wat kannte ich nur von Fotos und aus den Dokumentationen im Fernsehen. .
Diese riesige Tempelanlage aus dem frühen Mittelalter gilt als Schmuckstück der Architektur. Man braucht schon einige Zeit um die Anlage genau zu erkunden. Da ich selbst noch nicht das Vergnügen hatte mir dieses Bauwerk anzusehen, kann ich auch leider keine weiteren Auskünfte dazu geben.

 *Erklärung ...*

> *Wer sich aber wirklich dafür interessiert, dem empfehle ich meinen* **Reiseführer**. *Der Autor ist* **Stefan Loose** *und ich kann nur sagen, das ich bereits so manchen Reiseführer im Gebrauch hatte, doch noch nie einen so detaillierten und zuverlässigen, wie diesen*

> **Angkor Wat** *in* **Kambodscha** *kann man im Moment mal wieder nicht besuchen. Zumindest wird das zum jetzigen Zeitpunkt nicht empfohlen.*
>
> *Wegen einiger grenznaher Tempelanlagen liegen sich die beiden Länder Thailand und Kambodscha schon länger in den Haaren. Vor ein paar Tagen lieferten sich die Streitkräfte beider Seiten erst wieder blutige Scharmützel.*
>
> *Schon recht lange hoffen die Thailänder und auch die Kambodschaner auf ein Ende der Streitigkeiten. Wir Touristen auch, damit man auch dieses schöne Land (Kambodscha) sicher bereisen kann.*

In **Korat** sollten einige Deutsche leben und andere Geschäfte besitzen. Mal sehen, ob ich den einen oder anderen auftreiben kann, um mir Informationen über das **Leben in Thailand** ein zu holen.

Am Mittag war ich nun in **Korat**.
Das Hotel war zwar klein aber sehr sauber und lag sehr zentral, ohne laut zu sein. Das Bett in meinem großen Zimmer war so breit, dass ich quer darin liegen konnte.
Ich war schon ein ganzes Stück zu Fuß unterwegs um ein *Restaurant* zu finden. Es sollte *„Chez Andy"* heißen. Vielleicht öffnete es ja erst am Abend und man konnte es deshalb nicht erkennen, weil die Rollläden heruntergelassen waren. Manche Geschäfte waren tagsüber regelrecht verrammelt und verriegelt.

Am nächsten Tag wollte ich eine größere Biege durch die Stadt drehen. **Korat** war doch recht groß, schon fast ein Kulturschock, wenn man aus dem beschaulichen **Khao Yai** kam.
Jedenfalls ist alles sehr preiswert in Korat. Für alle drei Tage bezahlte ich so viel, wie für einen Tag im Khao Yai. Mein Mittagessen kostete mich **umgerechnet 1,50 Euro** inklusive eines frischen Fruchtsaftes.
Ich aß ein **chinesisches Gericht**, es handelte sich dabei um gedämpfte Köstlichkeiten bestehend aus kleinen Kreationen eingewickelt in Reispapier, gefüllt mit Gemüse, Fleisch oder Fisch. Die Päckchen werden auf, mit Bananenblättern ausgelegten, Bambuskörbchen übereinander geschichtet. Dann wurden Sie auf ein Sieb über brodelnd kochendes Wasser gestellt und regelmäßig um gestapelt. Durch diese Methode wurden die Zutaten alle gleichzeitig gegart. Außerdem natürlich ohne Fett und im eigenen Saft.
Mein Menü bestand aus kleinen Bällchen gefüllt mit sehr schmackhaft gewürztem Krabbenfleisch. Eingewickelt wurde alles in Reispapier, das aus hauchdünn gewalzten Reis bestand. Ein weiteres meiner Körbchen enthielt so eine Art Germknödel, gefüllt mit Pilzen und Gemüse, einfach umwerfend lecker. Man nannte diese Delikatesse **Dim Sum** und ich hatte etwas ähnliches noch nie gegessen, was ich mit Sicherheit wieder nachholen wollte.

Nach dem Essen startete ich nochmal einen Versuch das Restaurant *„Che Andy"* zu finden, leider ohne Erfolg. Doch wieder war mein Spaziergang nicht umsonst.

Als Belohnung und zum Dank an meine Füße, gönnte ich mir eine erfrischende, wohltuende Fußmassage.

Zu Dienstag dem 05.04. organisierte ich dann noch meinen Trip nach **Phimai**, wo sich die **Tempelanlage** befand, die als Vorlage für das berühmte Angkor Wat in Kambodscha gelten soll. Der Bus startete vom Busterminal um 7:00 Uhr.

Ziemlich unerwartet musste ich mal für zehn Minuten meinen Laufdrang bremsen. Einer der berüchtigten Tropenregengüsse machte mir unmissverständlich klar, dass ich mir einen Regenschirm zu legen sollte. Den konnte ich auch ganz toll als Sonnenschirm nutzen, wie es mir viele Thailänderinnen am Tage vormachten.

Ein sehr faszinierendes Phänomen konnte ich in **Thailand** wirklich überall erleben. War die Sonne untergegangen, beschlich mich das Gefühl die Menschen verließen ihre kühlenden Häuser um die Nacht zum Tage zu machen.

Die Straßen und Gehsteige wimmelten vor Menschen. Sie drängelten sich an Marktständen vorbei, die am Rand der Straßen aufgereiht waren oder saßen lachend und schwatzend an den aufgebauten Garküchen um ihr Abendessen zu verzehren. Ich schloss mich ihnen an und ließ mir eine leckere Nudelsuppe schmecken.

Die Straße zu meinem Hotel ähnelte zu diesem Zeitpunkt einem großen Einkaufsbasar. Man konnte praktisch alles kaufen. Von Obst und Gemüse über frisches Fleisch und Fisch bis hin zu Haushaltsgegenständen und Kleidung bekam man alles, was das Herz begehrte.

Auf der gegenüberliegenden Seite der Straße befand sich ein schöner bunter Tempel vor dem sich Händler tummelten, die Blumenkränze, kleine Buddhastatuen und **Räucherwerk** verkauften. Diese Utensilien opfern die Gläubigen während ihrer Gebete im Tempel dem **Buddha** damit er ihnen ihre Wünsche erfüllen sollte und ihnen wohl gesonnen sei. In den Gebetshallen an den großen Buddhastatuen waren eine Unzahl dieser Opfergaben niedergelegt worden.

Die Statuen selbst waren über und über mit bunten, meist orange farbenen Blütenkränzen behangen. Über all dem lag ein eindringlicher Duft von Räucherkerzen deren Rauch sich bis in die angrenzenden Straßen verteilte. Dieser **Sandelholz Duft** betörte jedenfalls eindeutig die Sinne und übertönte sogar den Abgasgeruch der Autos.

Die erste Nacht in Korat war recht kurz. Der Grund dafür waren zwei blutrünstige Moskitos die ihr Spielchen mit mir trieben.

Am Ende hatten sie zwar mein Blut, aber ihre Freude darüber sollte nicht lange währen, patsch.......und AUS!!!

04. April 2011 – Erster Tag in Korat

Neben meinem Hotel gab es ein kleines Bistro in dem ich mein Frühstück bestellte. Der Verkehrslärm hielt sich in akzeptable Grenzen und es gab kaum Abgasgeruch, wenn nicht gerade ein **Songtaew** an der Ecke hielt.

Die Thai nutzten alles zum Fahren, was man auf Reifen legen konnte. Fahrräder, Mopeds, Autos, Songteaws, TukTuks, Rikschas und Mopeds mit drei Rädern, zum Transport von Waren aller Art, oder auch von Fahrgästen. Manche Dreiräder wurden zu fahrenden Küchen umgebaut. Taxen gab es einige, die meisten von den Fahrzeugen waren schon mit Gas angetriebenen Motoren ausgestattet, sehr umweltschonend. Diese Fahrzeuge hatten nur einen Nachteil. Der Fahrgast war gezwungen sein Gepäck mit in den Fond des Wagens zu nehmen, was bei größerer Menge ein Problem darstellte.

Einer der Taxifahrer, der unwissende Touristen gerne abzockt, hatte mich bei meiner Ankunft in **Korat** vom **Busbahnhof** zu meinem Hotel gefahren. Für diesen augenscheinlichen Katzensprung nahm er mehr Geld, als üblich war. Na ja, für mich war das allerdings kein Beinbruch, es handelte sich nur um 1,50 Euro.

Meine ersten Shoppingtour im Tesco Lotus Shoppingcenter von Korat hatte ich auch absolviert. Für sechs T-Shirts und zwei Hosen bezahlte ich nicht mal **60 Euro**. Sicherlich könnte ich für noch weniger Geld einkaufen, wenn meine Kleidergröße der von den schlanken Thailänderinnen entsprochen hätte. Für meine Konfektionsgröße 42 musste ich eben mehr bezahlen.

Ich war ja überhaupt froh, einige Kleidungsstücke gefunden zu haben. Würde ich erst in Thailand leben purzelten die Pfunde von selbst, da war ich mir vollkommen sicher.

Auf der Straße tobte, wie jeden Abend der Bär, wovon man in meinem Hotel nichts mit bekam, es war absolut ruhig. Gestern Abend machte ich nochmal einen späten Spaziergang durch das abendliche Korat. Dabei besuchte ich auch einen Platz, der am Ende dieser Straße lag.

Es spielte eine Liveband. Um die Bühne herum waren viele Stände aufgebaut und viele Menschen schlenderten gemütlich umher. Scheinbar feierten die Einheimischen eines der vielen Feste, die es um diese Zeit in Korat gab.

Ich schlenderte über den hell erleuchteten Platz und ließ die Atmosphäre auf mich wirken. Den Abschluss der Feierlichkeiten bildete ein schönes Feuerwerk das den Himmel über dem Platz in ein buntes Lichtermeer tauchte.

Nachdem ich mein Abendessen, eine **Mee** mit Hühnerfleisch, verschiedenen Gemüsen und vor allem mit Chili verputzt hatte, ging ich in mein Hotel. Am Morgen fuhr ich nach Phimai und es ging früh los.

Bevor ich zu Bett ging meldete sich noch der Besitzer des Ressorts, das ich ab übermorgen für fünf Tage beziehen möchte. Sein Name war **Thomas** und er bestätigte mir meine Buchung. Ich hoffte, dass es mir dort gut gefallen würde.

Mein Reiseführer beschrieb die Stadt **Udon Thani** nicht gerade als Touristenmagnet. Genau das hatte mich dazu bewogen dort zu buchen. Das **Ressort** hingegen beschrieb der Reiseführer als ausgesprochen schön und gemütlich.

Bisher waren die Beschreibungen der Unterkünfte durch meinen Reiseführer mehr als korrekt. Dieses kleine **Hotel in Korat** würde ich immer wieder besuchen und auch weiterempfehlen.
Das Preis/Leistungsverhältnis war ausgezeichnet.

05. April 2011 – Ausflug nach Phimai

Um 8:30 Uhr saß ich im Bus nach **Phimai**.
Der Bus hielt immer wieder an, wenn jemand zusteigen oder aussteigen wollte. Haltestellen im Sinne der Europäer gibt es kaum. Wir brauchten für die 59 km über zwei Stunden. Das ist eben Thailand.

Was passierte mir zum ersten Mal? Ich verpasste mein Ziel.
Der kleine Steward war vollkommen aus dem Häuschen als er meiner plötzlich gewahr wurde. Er rief mich nach vorne und ließ mich mitten auf dem Highway aussteigen, begleitete mich über die verkehrsreiche Straße, schnappte sich einen jungen Mann dem er die Verantwortung übergab mich in den richtigen Bus zurück nach **Phimai** zu setzen, und verschwand wieder in seinen Bus. Der junge Mann wiederum instruierte den Schaffner des Busses mich an der richtigen Stelle im Ort aussteigen zu lassen. So herzlich und hilfsbereit wurde ich so manches Mal behandelt, was mir natürlich besonders auffiehl, da ich solch menschliches miteinander in Deutschland doch stark vermisse.

An dieser bewussten Stelle stand ich also mitten in der Provinzstadt und wusste nicht, wo die **Tempelanlage** sein könnte. Ich erspähte auf der gegenüber liegenden Straßenseite einen **7eleven Store** und fragte beim Personal nach dem Weg.
Ein junges Mädchen im Geschäft wurde kurzerhand von der Chefin des Ladens verdonnert, mich zum Eingang der Anlage zu begleiten. Dieser befand sich nur eine Ecke von dem Store entfernt. Ich bedankte mich herzlich und wollte ihr ein paar Baht geben, was sie freundlich aber bestimmt ablehnte.

Die Anlage machte einen sehr gepflegten Eindruck und die Architektur war der von **Angkor Wat** tatsächlich sehr ähnlich. Die einzelnen Gebäude waren teilweise sehr gut erhalten oder schön und liebevoll restauriert. Im hinteren Teil der Tempelanlage befand sich ein ziemlich großes Stück Gartenbereich in dem einige sehr schöne alte Bäume erhalten waren.

Tempelanlage in Phimai

Sie spendeten auf dem, ansonsten sonnendurchfluteten Gelände herrlichen Schatten. Ich nahm auf einer alten Steinbank Platz, die unter einem dieser Riesen aufgestellt war, ließ die Ruhe und Besinnlichkeit dieses alten Gemäuers auf mich wirken und machte ein paar Fotos von meiner Umgebung.

Trotz einiger Rastpausen hatte ich bereits nach 45 Minuten die gesamte Tempelanlage durchlaufen. Die 40 Grad im Schatten ließen mich keine Lust verspüren, die Stadt kennen zu lernen. Ich dachte, die Ortsbesichtigung könne man sich sparen. Es gab nichts zu sehen, was ich nicht auch in Korat finden würde. Phimais Attraktion beschränkt sich eben nur auf die Tempelanlage.

Zum Abfahrtspunkt des Busses fragte ich mich durch. Es fanden sich dort nicht wirklich Haltestellen im üblichen Sinne sondern nur einige Punkte an denen der Bus bei seiner **Rückfahrt nach Korat** die Leute einsammelte. Nach einer kurzen Wartezeit kam er angerauscht und ich saß wieder im Bus nach Korat. Mir gegenüber hatte eine junge Frau Platz genommen, die mit ihrer kleinen Tochter unterwegs war und wir kamen ins Gespräch.

Sie lebte in London und besuchte in Phimai ihre Eltern.
Eine außerordentlich hübsche und sympathische Frau, deren Familienstammbaum ursprünglich in **Laos** stand. Von Korat aus würde ihre Reise weiter nach Bangkok gehen, um ihren Ehemann abzuholen, der am Abend aus London eintreffen sollte.

Die kommenden drei Wochen würden sie dann noch gemeinsam bei der Familie verbringen bevor es wieder zurück nach London ging. Sie empfahl mir, einen Ausflug mit dem Boot nach **Ayuttaya** in mein Reiseprogramm mit auf zu nehmen.

Die **alte Hauptstadt Thailands** musste aber noch bis zum nächsten Mal warten. Sie zu besuchen würde bedeuten nochmal ein paar hundert Kilometer Umweg zu fahren.

Meinen **letzten Abend in Korat** beendete ich mit einem Dim Sum Essen und einem Spaziergang durch die quirligen Straßen der Stadt. Wer weiß, vielleicht würden wir uns ja bald wiedersehen.

Tempelanlage in Phimai, Vorlage für Angkor Wat

„Nicht weil es schwer ist, wagen wir's nicht,

sondern weil wir's nicht wagen, ist es schwer"

Lucius Annaeus Seneca

06. April 2011 – Abreise nach Udon Thani

Morgens um 7:00 Uhr war ich hellwach und machte mich auch gleich für die Abreise fertig. Ich bestellt mir ein **TukTuk** zum Hotel um zum Bahnhof zu fahren. An der Bahnstation musste ich feststellen, dass der einzige Zug nach **Udon Thani** erst um 13:00 Uhr abfuhr.

Das war mir entschieden zu spät. Also wieder zurück ins TukTuk und zum Bus Terminal „zwei". Der Bus mit der Nummer 211/10 stand bereits zur Abfahrt bereit, was ich als ausgesprochen positiv empfand.

Die **Überlandbusse** waren recht bequem. Ein Begleitumstand minderte allerdings das gemütliche Gefühl. Von der Abfahrt bis zur Ankunft dudelte der beliebte Fernsehsender in ohrenbetäubender Lautstärke pausenlos thailändische Musik durch den Wagen. Für das Gehör eines Europäers nicht wirklich erbaulich. Nach sechs Stunden Fahrt bekam man fast Ohrenkrebs.

In **Udon Thani** angekommen wechselte ich vom Bus in ein Taxi. Der Taxifahrer wusste gleich etwas mit dem *„Thomas Ressort"* anzufangen und brachte mich zu meiner gebuchten Unterkunft für die nächsten Tage.

Gleich bei meiner Ankunft, nachdem ich meine Sachen in dem sehr geschmackvollen **Bungalow** abgestellt hatte, musste ich etwas zu essen haben. Mein mageres Frühstück bestand ja nur aus ein paar Keksen. Am Bartresen saßen einige Männer, darunter auch ein Berliner, und wir kamen schnell ins Gespräch. Pit, so hieß der Berliner, flog am Abend noch heim nach **Berlin**.

Scheinbar gab es dort für ihn noch so manches zu regeln. Er lebte schon lange mit einem **Touristenvisum in Thailand**, fuhr alle drei Monate kurz mal nach **Laos** um sich sein Visum für die nächsten drei Monate zu sichern.

Er war mit Thomas in Berlin aufgewachsen und wohnte lange hier im Ressort. Seit einiger Zeit wohnte er aber mit einer Frau zusammen ein paar Hundert Meter entfernt bei ihrer Familie in einem kleinen Dorf.

Ein anderer Deutscher, er hieß Andy, war seit zwölf Jahren mit einer Thailänderin verheiratet, die er bereits in **Deutschland** kennen gelernt hatte. Er war im Ruhestand und besuchte nur noch 1-2 mal im Jahr in Deutschland seine Eltern, bei denen er wohl auch postalisch gemeldet war. Beide Herren schienen jedenfalls sehr nett zu sein.

Wenige Minuten später kam dann auch der Eigentümer dieser hübschen Anlage. Thomas, mit seiner Frau.
Er begrüßte mich sehr freundlich und warnte mich gleichzeitig davor, mir von den anderen in Thailand lebenden Männern zu viel erzählen zu lassen.
Nach seiner Meinung sähe jeder die Situation einer Einwanderung in dieses Land aus seiner eigenen Perspektive. Er kannte mich natürlich noch nicht, sonst wüsste er, das ich mir sowieso nichts erzählen lasse.

Langsam dämmerte es mir, dass ich im Ressort wohl die *einzig allein reisende deutsche Frau* war. Die wenigsten Frauen, die ich kenne, würden so eine Reise alleine unternehmen.

Das **Ressort** war wirklich wunderschön und der Preis auch.
Ich zahlte **700 Baht pro Tag**. Das waren gerade mal 100 Baht mehr als in Bangkok. Im Vergleich zu meiner ersten Unterkunft dort wohnte ich hier schon **fast luxuriös**.
Vorerst buchte ich fünf Tage, konnte aber unbedingt sein, dass ich noch länger bleiben wollte.
Nong Khai, mein Ziel am **Mekong River**, war nur 58 km entfernt und dadurch praktisch an einem Tag zu erreichen. Wir würden sehen was die nächsten Tage brachten.

07.April 2011 – Erster Tag in Udon Thani

Es war Donnerstag und Thomas lud mich ein, mit ihm in die Stadt zu fahren. Er wollte mir ein wenig die Umgebung zeigen. Wir fuhren vom Ressort über den Highway direkt in die Stadt.

Udon Thani war nicht gerade das Paradebeispiel einer beschaulichen **Kleinstadt** aber, auch nicht zu verachten. Der Kern der Stadt war auf jeden Fall sehenswert und man hatte alles, was man zum Leben braucht auf engstem Raum zusammen.

Ein großes Shoppingcenter genauso, wie ein riesiges Krankenhaus. Nach den Erläuterungen von Thomas sollte das Krankenhaus mit allem ausgestattet sei, was man von einer guten Klinik erwarten könnte. Eine kleinere Ladenzeile mit Boutiquen und sogar einen McDonalds Fastfood Restaurant lädt zum Bummeln ein.

Wir statteten noch dem **Restaurant „Mojo"** einen Besuch ab, das einem Freund von Thomas gehörte. Ebenfalls ein Deutscher, mit Namen Peter, der ebenfalls mit einer Thailänderin verheiratet und eine kleine Tochter mit seiner Frau hatte.

Während Thomas noch geschäftliches zu erledigen hatte, flanierte ich durch das große Shoppingcenter. Es war sehr gut besucht, und so viel ich sehen konnte auch mit vielen Geschäften bestückt.

Thomas und ich waren auf dem Parkplatz verabredet, auf dem er sein Auto stehen ließ. Pünktlich, wie man das eben von einem Deutschen gewohnt ist, war er dann auch am Wagen und wir fuhren wieder zurück ins Ressort.

Sollte ich den Wunsch verspüren mal alleine in die Stadt fahren zu wollen, war das auch kein Problem. Für Thomas arbeitete ein **Tuk-Tuk Fahrer** den er seinen Gästen für Fahrten in die Stadt kostenlos zur Verfügung stellte. Der Fahrer bekam für seine Dienste ein Trinkgeld von **20 Baht – 30 Baht** direkt vom Fahrgast.

Als ich dann am Nachmittag an der Bar saß trudelten nach und nach andere Gäste ein, die in der **Umgebung von Udon Thani** einer Arbeit nachgingen.

Ein TukTuk

Abends sollte eine Skatpartie stattfinden und man lud mich ein mit zu spielen. Wenn sie es nicht allzu eng sehen würden mich, das Green-hoorn akzeptieren könnten, wollte ich dabei sein. Meine letzte Skat-partie war zehn Jahre her und ein Spielerass war ich sowieso nie.

Wie vorauszusehen, ging ich mit fliegenden Fahnen unter, was mich am Ende um **100 Baht** ärmer machte. Es hatte aber viel Spaß gemacht und ich wollte gerne auch wieder mit ihnen spielen.

Am nächsten Morgen wollte ich früh nach **Nong Khai** um eine Unter-kunft für die **restlichen acht Tage** zu suchen, die ich noch im **Isarn** verbleiben würde.

08. April 2011 – Fahrt nach Nong Khai

Leider schlief ich nicht wirklich gut.
Bereits um 6:30 Uhr drehte ich im Pool ein paar Runden. Um diese Zeit ruhte im Ressort noch alles. Das Personal kam immer so gegen 8:00 Uhr um das Frühstück vor zu bereiten. Der hauseigene **TukTuk Fahrer** brachte mich zu neun Uhr zum Busbahnhof und ich bestieg den **Lokalbus nach Nong Khai.**
Neben mir im Bus saß ein US-Amerikaner mit augenscheinlich japanischen Wurzeln. Er gehörte den US-Streitkräften an und war mit seiner Freundin auf dem Weg zu deren Eltern nach Nong Khai. In dem Bus gab es keine Klimaanlage und schon nach kurzer Zeit wurden wir in unserem eigenen Saft gegart. Auf den Plastiksitzen war das nicht gerade ein Vergnügen. Dafür verzichtete die Crew auf die allseits beliebte Berieselung von ohrenbetäubender Thaimusik.

Am **Busbahnhof in Nong Khai** trennten sich dann unsere Wege. Der Amerikaner wollte noch mit seiner Freundin nach **Laos**, in die Stadt **Vientiane**. Das ist der Name der Hauptstadt des Landes am anderen **Ufer des Mekong** und war nur etwa eine halbe Stunde mit dem Taxi von Nong Khai entfernt.
Man überquert dabei die sogenannte „*Friendshipbridge*" die schon von den Amerikanern während des Vietnamkriegs gebaut wurde. Sie diente als **Verbindung zwischen Thailand und Vietnam** als Nachschubroute für das Kriegsmaterial.
Die Beschreibungen von Vientiane machten mich schon neugierig auf die Stadt. Wie ich hörte soll sie einen Tagesausflug auf jeden Fall wert sein. Die französische Besatzung während der Indochina Krise, prägte das Bild der Stadt scheinbar bis heute. Vielleicht ließ sich ein Abstecher nach Vientiane in mein Programm aufnehmen.

Es war sehr heiß in **Nong Khai**. Ich machte mich erst mal auf die Suche nach dem großen gelben Fluss. Auf meine Frage danach zeigten mir die Thai den richtigen Weg und über kleine Seitenstraßen vorbei an hübschen Häuschen und einem beeindruckend großen Tempel, stand ich am **Mekong**.

Sogar jetzt zur **Trockenzeit**, war er wirklich ein majestätischer Strom. Was ich bisher von **Nong Khai** sah war wirklich reizend. Mir fiel sofort die Gelassenheit um mich herum auf, mit der die Menschen scheinbar in diesem abgelegen Teil des Landes umgingen. Die Atmosphäre war ruhig und friedlich. Dazu trug sicherlich auch der Fluss bei. Die doch recht starke Strömung, konnte man an den Strudeln erkennen, die sich auf der Wasseroberfläche bildeten. Ich fühlte mich sofort sehr wohl.

Die schöne Promenade, an der sich Restaurants und Hotels aufreihten und von der aus man einen unverbauten Blick auf den Fluss genießen konnte, rundete mein wohliges Gefühl noch ab. Für meinen Fußmarsch war es entschieden zu heiß und ich steuerte immer wieder einen der Pavillons auf der Promenade an, die extra für Rastpausen aufgebaut wurden.

Dort saß man dann im Schatten und genoss den beruhigenden Ausblick auf den Fluss. Man konnte natürlich auch in eines der hübschen Restaurants gehen und sich auf deren Terrassen einen kalten Drink oder auch ein schmackhaftes Mittagessen servieren lassen.

Seitenstraße in Nong Khai

Die Unterkunft, für die ich mich entschied, war ein einfaches, aber adrettes **Guesthouse**, das in der zweiten Reihe am Fluss stand. Die Promenade erreichte ich in ein paar Schritten. Auf die kleine Straße dazwischen mündeten die rückwärtigen Eingänge zu den Promenadenlokalitäten. Wenn ich rechts herunter laufen würde, käme ich zu einem **Markt**, der einen großen Teil der Straße einnahm und überdacht war.

Er öffnete jeden Tag von früh bis spät und bot einfach alles, was man so zum Leben brauchte, oder auch nicht brauchte, aber gerne hätte. Nur eines bekam man nicht, frisches Obst. Dafür sorgten kleine Stände am Rande der Straßen im ganzen Ort.

Führte mich mein Weg links die Straße herunter erreichte ich das Ende der Promenade und den Eingang zu einem Guesthouse, dessen Beschreibung ich schon im Internet lass.

Es nannte sich *„Mut Mee"* **Guesthouse** und war wunderschön gelegen, direkt am Fluss. Die **einzelnen Bungalows** sind buchstäblich in die Natur integriert worden und das offene Restaurant stand quasi direkt am Fluss, nur getrennt durch Vegetation am Uferrand. Dort wuchsen Bananenstauden und jede Menge verschiedenster Wassergräser.

Backpacker aus der ganzen Welt besuchten das *„Mut Mee"*, das auch für seine **sehr gute Speisekarte** mit gesunden und wohlschmeckenden Gerichten bekannt zu sein schien. Leider kostete die Übernachtung dort das Doppelte von der meines Guesthouses. Da ich ja acht Tage bleiben wollte käme mir das dann doch zu teuer. Allerdings wurden Gäste von außerhalb im gemütlichen Restaurant auch gerne gesehen.

Auf meiner Rückfahrt nach **Udon** traf ich doch tatsächlich den jungen Amerikaner und seine Freundin wieder im Bus an. Der Zustand unseres Vehikels machte nicht wirklich einen soliden Eindruck und wir hofften doch sehr, dass der Bus uns noch bis nach Udon bringen würde, bevor er eventuell den Geist aufgeben sollte.

Die Plastiksitze ließen unseren Körperflüssigkeiten auch dieses Mal keine Chance unter unserer Haut zu verweilen, wir schwitzten wie in der Sauna. Zu allem Übel endete die Fahrt dann auch noch auf einem anderen Busbahnhof, von dem wir nicht mal wussten in welchem Teil von Udon er sich befand. Es blieb uns nichts anderes übrig, als uns gemeinsam ein **TukTuk** zu nehmen, das uns wieder zu dem Busterminal bringen sollte, von dem wir abgefahren waren. Der junge

Amerikaner hatte dort zudem seinen Roller geparkt und ich wollte wieder vom hauseigenen **TukTuk** abgeholt werden. Ich hätte Thomas nicht einmal erklären können, wo ich mich befand.

Die Fahrt mit dem TukTuk von einem Busbahnhof zum anderen war auch kein wirkliches Vergnügen. Der Fahrer hatte die sechzig Jahre bereits weit hinter sich gelassen, ich schätzte ihn auf über siebzig. Dafür fuhr er allerdings wie ein junger Hüpfer.

Zeitweise schloss ich lieber meine Augen damit ich die riskanten Überholmanöver nicht mit ansehen musste. Trotz erheblicher Zweifel, waren wir wieder gesund und munter an dem richtigen Busterminal angekommen.

Die beiden jungen Leute verabschiedeten sich von mir und ich telefonierte mir mein TukTuk zum Ressort herbei.

Nach gut einer halben Stunden saß ich wieder bei Thomas mit einem kühlen Drink an der Pool Bar. Abends am Tresen leisteten mir Peter, der Besitzer des *„Mojo"*, Lars, der hier für Siemens arbeitete und Roger der Webmaster aus der Schweiz Gesellschaft. Wir hatten interessante, lustige Gespräche und es wurde viel gelacht.

Roger war dabei für einen Freund in der Schweiz in **Udon Thani** eine Filiale dessen Firma aufzubauen, die mit Websites und eigen entwickelter Software handelte. An einer Zusammenarbeit mit meiner Tochter als Freelancer schien er jedenfalls recht interessiert zu sein.

Rogers eigentliches Metier war aber die Küche. Er war ausgebildeter Koch und bereits schon überall auf der Welt in renommierten gastronomischen Betrieben beschäftigt. Er machte aus seinen Erfahrungen eine Geschäftsidee.

Über das Internet verschickte er selbstgemachte und ausgesprochen frische Menüs in die ganze Schweiz. Außerdem stattete er auch noch größere und kleinere Events aus. Er versprach mir seine Referenzseite per Mail zu schicken.

Ich würde gerne noch ein paar Tage länger hier wohnen bleiben aber, Thomas war bis auf weiteres ausgebucht. Ich wollte auf jeden Fall den Kontakt nach **Udon Thani** und dem *„Thomasressort"* aufrecht erhalten.

Mein letzter Tag in Udon war angebrochen und ich würde es mit einem weinenden und einem lachenden Auge verlassen. Der Aufenthalt in **Nong Khai** bescherte mir sicherlich noch eine neue wichtige Erfahrung und die reizende Provinzstadt sollte mir auch weitere schöne Eindrücke vermitteln.

Udon Thani Einkaufszentrum

Wo auch immer ich mich niederlassen werde, ins *„Thomasressort"* werde ich immer wieder mal vorbei schauen. Am letzten Abend stand auch noch eine letzte Skatpartie mit Peter, Andy und Ronald an.
Wir spielten in Peters *Restaurant „Mojo"* in der City. Peter holte uns mit seinem sechzig Jahre alten Auto ab. Leider wurde dieses schöne alte Auto nicht sehr gepflegt, eine Schande, wie ich fand.

Das *„Mojo"* war ein nettes Restaurant, ziemlich groß, mit einer langen Theke. Man sah ihm an, das es wohl einstmals als Animierlokal genutzt wurde.
Peter lud uns zum Essen ein, nur die Getränke mussten wir alleine bezahlen. Was ich sehr nett von ihm fand. Auch Ronald war dann endlich eingetrudelt und wir spielten bis 18:30 Uhr.

Danach gab es erst mal etwas zu essen. Ich bekam tatsächlich frisch gemachte Kartoffelpuffer mit selbst gekochtem Apfelmus, einfach köstlich. So gute Puffer aß ich zum letzten Mal in meiner Jugendzeit bei meiner Mutter. Nach dem Essen spielten wir noch weiter und natürlich machte ich wieder den letzten Platz.

Um 21:30 Uhr fuhren wir dann wieder mit Peter und seiner jungen Frau zurück zum Ressort.

„Die Verantwortung für sich selbst
ist die Wurzel jeder Verantwortung"

09.April 2011 – Abreise nach Nong Khai

Meine Sachen waren gepackt und nachdem ich mich noch von allen Anwesenden verabschiedet hatte, fuhr mich Thomas Fahrer zur Busstation. Dieses mal wollte ich auf jeden Fall einen AC Bus nehmen und mein Fahrer brachte mich zum richtigen Ticketschalter. Wir erreichten um 12:00 Uhr den Terminal und der Bus sollte um 13:00 Uhr, aus Bangkok kommend, eintreffen.

Ich ließ mein Gepäck in der Aufbewahrung und setzte mich in den überfüllten Wartebereich um das Treiben dort zu beobachten. Es bot sich mir ein Bild von stetem Kommen und Abfahren der Busse und wartender Menschen an den Gepäckfächern der Busse.
Von diesem Tage an hatten die Thais ihren einzigen zusammenhängenden Urlaub im Jahr. Sie begingen das **Buddhistische Neujahrsfest „Songkran"**, auch *Wasserfest* genannt.

Das ganze Land schien auf Reisen zu sein. Jeder wollte möglichst schnell zu seiner Familie. An den **drei Festtagen** sollten wasserscheue Leute ihre Häuser nicht verlassen, weil man davon ausgehen musste zwischen morgens um 10:00 Uhr und abends 22:00 Uhr bis auf die Haut durchnässt zu werden.
An den Straßen standen überall große Wassertonnen aus denen die Thai mit Schöpfkellen Wasser auf jeden kippten der vorbeikam. Auch auf den allseits beliebten Pick up Autos wurden Wassertanks herumgefahren und während der Fahrt anderen Verkehrsteilnehmern entgegen geschüttet. Bei den Kindern waren die utopisch aussehenden „Pump Guns" als Wasserspritze sehr beliebt.

Den eigentlichen Sinn dieser Wasserschlacht zum **Buddhistischen Neujahrsfest** *(Songkran)*, stellte eine alte Tradition dar. Eine zeremonielle Waschung sollte die Gläubigen von den Sünden des vergangenen Jahres reinigen.

Zu Buddhas Zeiten wurden speziell die Alten und Kranken an diesen Tagen gehegt und gepflegt. Auch Buddha Statuen wurden gewaschen und die Thai gingen in die Tempel um den erneuten Schutz Buddhas für das kommende Jahr zu erflehen. Die Tempel glichen einem Blütenmeer und der Duft von Geräuchertem lag in der Luft.

Am Abend des letzten Feiertages läuteten dann alle Menschen in Thailand das Neue Jahr mit einem großen Fest und einem schönen Feuerwerk ein. Im ganzen Land feierten die Bewohner der Städte und Gemeinden in gleicher Weise.

Mein Bus aus Bangkok hatte Verspätung.
Der Ticketverkäufer konnte mir allerdings nicht sagen, wann er denn eintreffen würde. Um kurz vor 14:00 Uhr rollte der Bus dann doch endlich auf dem Terminal ein. Er war total überfüllt.

Ich ergatterte nur noch einen Stehplatz. Zu allem Übel fiel auch noch diese Klimaanlage aus und der ganze Bus voller Menschen wurde mal wieder im eigenen Schweiß gegart. Ich wurde langsam das Gefühl nicht los, dass alle Busse, die ich nutzte nicht die neuesten Modelle waren. Selbst den Thai war es zu heiß und ich war wirklich kurz vorm umfallen, als der Bus dann anhielt und die Crew die Klimaanlage notdürftig wieder herrichtete.

Eine freundlich lächelnde junge Frau, die neben mir stehen musste, reichte mir feuchte Tücher, mit denen ich mich wenigstens etwas erfrischen konnte. Gott sei Dank leerte sich der Bus langsam. Jeder konnte aussteigen wo er gerade wollte, dass machte den Rest der Fahrt um einiges erträglicher.

Als wir endlich in **Nong Khai** ankamen gab die Air Condition scheinbar endgültig ihren Geist auf. Im Bus waren bis dahin mindestens 50 Grad. Wir verließen diesen Höllenbus im Laufschritt.
Die Temperatur von über 30 Grad in **Nong Khai** war schon fast eine erfrischende Wohltat.

Ich bestieg ein Taxi das mich zu meinem Guesthouse brachte und konnte noch das letzte freie AC Zimmer umbuchen.
Meine Kleidung gab ich in der Wäscherei des Hauses ab, wo sie für **30 Baht pro Kilo** gewaschen wurde. Weil ich die Wäsche nass aufgehängt in der Sonne trocknete und sie kaum zerknitterte, konnte ich mir das Bügeln sparen.

Mein Magen meldete sich mit einem unmissverständlichen Knurren. Ich suchte mir ein kleines Restaurant mit **direktem Blick auf den Mekong** - *welch ein Panorama.*

Bei meinem anschließenden Spaziergang entdeckte ich ein kleines Massagestudio. Ich betrat den gut temperierten adretten Raum, wo mich zwei sehr hübsche junge Damen empfingen.

Eine Fußreflexzonenmassage sollte meinen, vom langen und heißen Busfahren, angeschwollenen Beinen Erholung bringen. Die beiden jungen Damen sprachen recht gut englisch, besser als ich gedacht hätte hier zu finden. Sie erklärten mir auch gleich, dass ich mich in einem richtigen Massagesalon befinden würde, nicht in einem anderen Etablissement. Sie machten die Gesichter der Männer nach, die reinkamen eine Massage wollten, und dann feststellten, dass sie sich tatsächlich in einem seriösen Betrieb befanden. Wir lachten alle drei bis uns die Tränen liefen. Reizende Frauen.

Der Salon war wegen ***Songkran*** vorerst den letzten Tag geöffnet. Ich versprach nach dem Fest, am 16.April, wieder zu kommen um mir eine traditionelle Thaimassage geben zu lassen. Mit den besten Wünschen für ein schönes Fest verabschiedete ich mich von den Beiden und ging noch auf die Flusspromenade wo ich bei einem kalten Wassermelonensaft den Sonnenuntergang genoss.

Um die Laternen herum schwirrten kleine fliegende Tierchen, die ich nicht einordnen konnte. Sie glichen kleinen Helikoptern die aus Watte zu bestehen schienen. Ich hatte keine Ahnung was das war, aber es sah sehr hübsch aus.

Ob sie auch stechen könnten wollte ich nicht ausprobieren mir reichten schon die Moskitos die hier am Fluss natürlich in Massen auftraten. In weiser Voraussicht hatte ich mir in **Udon** noch ein Spray gegen diese Blutsauger gekauft - *unverzichtbar.*

10. April 2011 – Songkran in Nong Khai

Meine erste Nacht in **Nong Khai** war gut, ich schlief wunderbar. Das darauf folgende Frühstück aß ich außer Haus. Im *„Mut Mee"* **Guesthouse** bestellte ich mir grünen Tee, Toast mit Ei, Butter und Marmelade.

Von meinem Hostel aus konnte ich heute auch eine mail an alle meine Lieben verschicken. Leider bekam ich bei zwei Adressen immer eine Fehlermeldung, scheinbar kamen meine mails dort nicht an. Schade, aber ich konnte leider nichts dagegen tun.

Zwei Gäste meines Hostels lernte ich am morgen bereits kennen. Es handelte sich dabei um zwei Australier. Der Eine war gebürtiger Laote. Der andere war ein bekennender und praktizierender Buddhist mit dem Wunsch demnächst als Mönch in ein Kloster zu gehen. Seit über vier Jahren lebte er schon als Novize, um die Lehren **Buddhas** zu studieren. Die Gespräche mit ihm waren sehr interessant.

Wenn er erst ein Mönch sein würde, wären ihm Kontakte zu Frauen untersagt. Ein Mönch darf von einer Frau nicht einmal Nahrung annehmen, es sei denn, sie überreichte sie erst einem Mann, der sie dann an den Mönch weitergab. Scheint ja noch dogmatischer zu zu gehen, als bei unseren Katholiken.

Ich verkniff mir meine ehrliche Meinung über so einen Schwachsinn natürlich, in Fragen des Glaubens und in Politischen Fragen, sollte man sich immer etwas zurück halten.

Der angehende Mönch war ein angenehmer Mensch, er strahlte eine wunderbare Ruhe und Ausgeglichenheit aus und ich konnte einiges über das **Leben von Buddha** von ihm erfahren. Er erzählte mir auch von seiner Familie in Australien bzw. Neuseeland. Seine Frau war Maori, so heißen die Ureinwohner von Neuseeland, die beiden gemeinsamen Kinder lebten bei ihr. Es handelte sich dabei um zwei Jungen von 19 und 22 Jahren.

Seine Familie respektierte seinen religiösen Wunsch in ein Kloster zu gehen. Sie müssten sich dann damit abfinden ihn in den nächsten drei bis fünf Jahren weder zu Gesicht zu bekommen noch irgendeinen anderen Kontakt zu ihm zu haben. Keine leichte Entscheidung.

Eine meiner Fragen beantwortete er mir sehr präzise. Ich wollte wissen, was ich tun müsse, um das **Meditieren** zu erlernen. Er nahm mein Tagebuch in die Hand und sagte:

„Jedes mal, wenn Du Deine Gedanken hier in dieses Buch schreibst oder nur die Natur betrachtest ohne Deinen Geist mit anderen Dingen zu füllen, meditierst Du in gewisser Weise."

Auch als Christ war es möglich den Lehren Buddhas zu folgen, nichts und niemand hinderte einen daran, solange man sich mit den Dingen vertraut machte, die nötig wären um den Kontakt zu **Buddha** herzustellen.

Er bestätigte mir, dass ich richtig gehandelt hätte, als ich in Bangkok zu Buddha betete damit er meine Reise segnen sollte. Ich habe einfach alles so gemacht, wie die Thai es machten und das war laut seiner Aussage genau richtig.

Am Nachmittag war ich am **Bahnhof von Nong Khai** um meine **Rückreise nach Bangkok** zu buchen. Den langen Weg dort hin legte ich mit einem Fahrrad zurück, das ich mir in meinem Hostel auslieh.

Auf der Fahrt dort hin wurde ich bereits das erste Mal nassgespritzt, war aber bis ich am Bahnhof ankam schon wieder fast trocken. Die Rückreise wurde durch das **Wasserfest**, bzw. durch sein Ende, ein leichtes Problem.

Die Züge am Montag waren alle ausgebucht. Dann bliebe mir nur wieder der Bus. Es fuhr ein Nachtbus mit Schlafsitzen und ich wäre früh am morgen in Bangkok. Schade, ich hatte mich schon auf die Zugfahrt gefreut.

So, nun war es endlich so weit, ich war klitschnass und meine geliebten *Buffi Flip Flops* hatten sich buchstäblich in Wasser aufgelöst, hier endete also die Reise für sie. In weiser Voraussicht kaufte ich bereits ein paar neue auf dem Markt.

Was meine Rückreise nach Bangkok betraf entschloss ich mich für eine weitere Variante. Ich würde einfach einen Tag später nach **Pranburi** reisen und könnte dann auch den Zug nehmen.

Also, zuerst einen Tag in Nong Khai verlängern und dann Kontakt nach Pranburi aufnehmen um einen Tag später zu buchen.

Gesagt getan. Zum zweiten Mal nahm ich die Radtour zum Bahnhof auf mich um die Fahrkarte für den 20.April zu buchen.

Da bekam ich die liebenswürdigste Geschichte zu hören.

Was sagte der nette Fahrkartenverkäufer ganz süffisant in fließendem englisch:

„Sie können auch noch ein Ticket für den 19.April am morgen um 6:00 Uhr bekommen, Madame!" Ich glaubte es ja kaum.
Jetzt konnte ich also wieder alle Arrangements canceln. Den Tag länger in **Nong Khai** zurück buchen und den Tag weniger in **Pranburi** wieder ran hängen. Meine Vermieter mussten auch glauben ich sei etwas kompliziert. Funktionierte aber alles problemlos.

Als zusätzliches Highlight wurde ich auf der Rückfahrt vom Bahnhof dann auch wieder Nass bis auf die Haut, welch ein Glück bei 45 Grad im Schatten, oder??

15. April 2011 – Höhepunkt des Wasserfestes

Nach ein paar Tagen der Ruhe und Besinnlichkeit erreichte das **Wasserfest** am 15. April seinen Höhepunkt und ich werde mit Sicherheit noch mal nass werden, weil ich mich natürlich nicht in meinem Hostel versteckte.

Mit einem australischen Ehepaar durchstreifte ich nochmal die Stadt und wir wurden des Öfteren geduscht und dann auch noch mit **buntem Talkum** eingeschmiert, wir sahen zum Totlachen aus.

Wir wagten uns in die Höhle des Löwen. Von anderen Reisenden erfuhren wir, dass eine **Buddhaparade** durch die Straßen ziehen sollte, leider fanden wir diese Parade nicht und auch keinen Hinweis auf ihre Existenz. Am Abend wurde direkt am großen Tempel das eigentliche **Neujahrsfest mit Musik und Feuerwerk** zelebriert.

Einige Priester weihten auch die eine oder andere Statue ein, die von betuchten Spendern stammten. Filmen oder fotografieren konnte ich das schöne Spektakel natürlich nicht. Meine Geräte waren leider nicht wasserdicht.

Bisher gefiel mir **Nong Khai** von allen Orten die ich schon sah am Besten. Ich könnte mir vorstellen hier in der Umgebung ein schönes Haus mit Pool zu mieten und mich hier niederzulassen. Mal sehen, was meine Tochter sagt, wenn sie die Filme sieht.

Eines steht jedenfalls bereits fest. Ich werde vor ihr hier sein müssen. Mit zwei Katzen im Gepäck kann man nicht auf die Suche nach einer Unterkunft gehen, das muss alles bereits erledigt sein.

Für **Nong Khai** sprach so einiges. Die **Nähe zu Laos** etwa, wenn man *alle drei Monate* sein **Visum** verlängern musste. Die Witterung soll laut der Auskunft von Einwohnern ganzjährig auch recht angenehm sein. Derzeit ist es sehr heiß, aber trocken, nicht diese schwüle, die man sonst im Lande vorfindet. Der Fluss bescherte zudem immer eine leichte Brise, was sogar diese Hitze von über 40 Grad erträglicher machte. Die Menschen lebten ein viel ruhigeres Leben und schienen ausgeglichener als in der Nähe von **Bangkok**.

Selbst der Verkehr im Ort machte mir keine Angst vor dem Fahren. Ich konnte mir gut vorstellen selbst am Steuer eines Autos die Gegend zu erkunden.

Laut Auskunft einer Angestellten aus dem *„Mut Mee"* sei es auch kein Problem in der Umgebung schöne Häuser zur Miete zu finden und die Preise lagen ganz in meinem Budget.

Nong Khai Chinesischer Tempel

16. April 2011 – Sechster Tag in Nong Khai

An diesem Morgen um 9:00 Uhr saß ich im *„Mut Mee"* und ließ mir das köstliche Müsli aus frischen Früchten, Nüssen und hausgemachtem Joghurt schmecken. Dazu servierte man mir eine Kanne grünen Tee.

Dieses **Hostel** ist wirklich ein kleines Paradies. Es herrschte eine sehr angenehme ruhige Atmosphäre hier und man konnte einfach nur sitzen und die Ruhe genießen. Berieselt durch leise klassische Musik konnte man es hier schon eine Weile aushalten - *Entspannung pur!*
Bei meinem nächsten Besuch in **Nong Khai** werde ich mich im *„Mut Mee"* einbuchen. Wenn man länger bliebe könnte es sein, dass man spezielle Langzeittarife nutzen kann. Die Preisspanne ging von einfachen Hütten für **120 Baht** bis recht komfortable Bungalows für **600 Baht am Tag**. Man traf dort Menschen aus der ganzen Welt.
Es gelang mir sogar einen Österreicher, der im Krankenhaus lag, in Kontakt mit seiner Familie und seinen Freunden zu bringen. Weder in der Klinik noch im Hostel sprach jemand deutsch. Er selbst hingegen konnte nicht sprechen, weil er durch einen Mopedunfall am Kehlkopf verletzt war. Er schrieb mir alles auf und so rief ich seine Freundin und einen Freund in Deutschland an, um sie von dem Unglück zu unterrichten. Alle anderen Dinge, die zu erledigen waren übernahm eine junge Frau aus dem *„Mut Mee"*.

Dieser Mann hatte wirklich unsagbar viel Glück gehabt. Er verunglückte mit seinem Moped und nur durch die sofortige OP, einen Luftröhrenschnitt, wurde sein Leben gerettet. Seine deutsche Reisekrankenversicherung übernahm auch alle Kosten und da er als Angestellter der österreichischen Botschaft in Berlin beschäftigt war, kümmerten die sich um seinen Rücktransport nach Deutschland.
Ein paar Tage musste er allerdings in der Klinik bleiben. Die Polizei hatte seinen Pass einbehalten, weil ein Thai bei diesem Zusammenstoß auch schwer verletzt wurde.

Bei einem **Unfall mit Personenschaden** hatte man in Thailand als Ausländer nicht die besten Karten. Die thailändischen Behörden konnten in solchen Fällen ziemlich ruinös vorgehen.

Sollte dann auch noch ein Thai dabei getötet werden, ist ein Aufenthalt im Gefängnis sicher und die Dauer dieses unfreiwilligen Aufenthaltes unabsehbar, auch wenn man keinerlei Schuld an dem Unfall trug. Es gibt in Thailand einige **Ausländer** *(Farangs)* die in Gefängnissen dahin vegetieren, weil sich niemand für sie einsetzt.

Eine Horrorvorstellung!!!

Mein Abendessen ließ ich mir heute in einem Restaurant gegenüber von meinem Hostel schmecken. So viel ich mitbekam gehörte es wohl einem Engländer. Seine Thaiküche war ausgezeichnet und auch preiswert. Absolut sensationell war der gemischte Salat, knackfrisch mit einem leckeren Öldressing, der fabelhaft zu den recht scharfen Thai Gerichten passte.

Ein deutscher Bäcker sollte sich auch im Städtchen niedergelassen haben. Leider hatte er sein Geschäft zu den Festtagen geschlossen, wie viele Geschäfte während der Wasserfest-Tage. Ich werde mal sehen, ob er nach den Feiertagen zu erreichen ist.

Der **letzte Tag von Songkran** war also angebrochen und ich war wieder klitschnass. Langsam fehlte mir etwas, wenn ich nicht bis auf die Slip durchnässt war. Wie sollte ich nur die restlichen heißen und nun auch trockenen Tage überstehen?

Da wären wir gleich bei dem nächsten Thema.

Ich überlegte noch immer, ob ich mir ein Moped leihen sollte um mir die **Westroute** bis nach **Chiang Khan** anzusehen. Mein Reiseführer empfahl diese Strecke und beschrieb sie als wunderschön und gut zu befahren. Andererseits reizte mich auch der Besuch von **Vientiane**.

Die immerhin **30 US$** für das benötigte **Visum** schlugen mir allerdings etwas auf den Magen. Ich hatte doch schon einiges Geld mehr ausgegeben, als ich vorhatte. Ich entschied mich dann doch für das Moped.

Gegenüber vom „*Mut Mee*", am hinteren Ende des Hospitals, stand ein Mopedverleiher und ich hatte sogar schon das passende Gefährt ins Auge gefasst. Als der Verleiher dann allerdings meinen Pass als Deposit einforderte, lehnte ich das kategorisch ab. Mit einer Kopie wollte er sich nicht zufrieden geben. Kommt natürlich gar nicht in Frage.

Dann, so bedeutete der Spaßvogel mir, wenn nicht den Pass, eben den Führerschein. Ich konnte es nicht glauben, der gute Mann wollte mich doch tatsächlich ohne Fahrerlaubnis durch Thailand fahren lassen. Ich fragte ihn, ob ich nicht lieber gleich nach der Adresse des Gefängnisses fragen sollte?! So richtig verstand er mich aber nicht.

Na gut, dann eben doch nach **Vientiane**.

Zu früh gefreut. **Vientiane** fiel auch ins Wasser. Außer den **30 US\$** kamen nochmal **5 US\$ Feiertagszuschlag** und natürlich auch noch die Taxikosten hin und zurück dazu, weil an diesem Wochenende kein normaler Linienbus von der Grenze aus losfuhr.

Außerdem wollten die Laoten nur US\$ haben und die bekam ich heute auch nicht eingetauscht, weil keine Bank geöffnet hatte.

Also gut, dann eben Plan B.

Zuerst löste ich mein Versprechen an die beiden netten Damen in dem Massagestudio ein, das ich ihnen vor **Songkran** gab. Ich bekam eine Thaimassage, deren angenehme Wirkung allerdings erst nach der Tortur einsetzte.

Die Massage selbst war ziemlich schmerzhaft. Ein Wunder war das nicht, bei meinen verhärteten Muskeln. Dafür war die folgende Radtour durch das Städtchen leichter zu bewältigen. Ich schoss ein paar eindrucksvolle Fotos von der Umgebung. Wasserattacken brauchte ich nun nicht mehr zu fürchten, dafür stieg das Thermometer auf 43 Grad.

Ich hätte niemals gedacht, das mir das Radfahren bei diesen Temperaturen kaum etwas ausmachte. Ab und zu suchte ich mir ein schattiges Plätzchen um mich zu erholen und dann ging es weiter.

Wirklich easy.

Es war der 16. April um 12:05 Uhr und ich hatte ein schönes schattiges Plätzchen unter einem Pavillon auf der **Promenade am Mekong**. Die Sonne brannte unbarmherzig vom blitze blauen Himmel über mir und nur die immer während Brise vom Fluss machte es erträglich.

Ich teilte meinen Pavillon mit einer laotischen Familie, die scheinbar noch das letzte Feiertagswochenende in **Nong Khai** verbrachte. Es war nett an zu sehen, das harmonische Bild einer glücklichen Familie. Mehrere Generationen gehörten zu dieser Gruppe. Auf jeden Fall Großeltern, Eltern und Kinder und vielleicht auch der ein oder andere Onkel oder Schwiegersohn. Sie packten ihr Essen und die Getränke aus und die Kinder spielten mit einem Schirm und einem Ball.

Eine Fähre auf dem Mekong

Weiteres Spielzeug konnte ich nicht entdecken. Die Kleinen konnten sich wunderbar mit diesen beiden einfachen Dingen beschäftigen. Sie waren auch nicht übermäßig laut. Die **Farangfrau**, also *ich*, mit den hellen Haaren, wurde mit augenscheinlichem Interesse, jedoch zurückhaltend, betrachtet.

Der Fluss dümpelte ruhig dahin, was der lauschigen Atmosphäre noch den besonderen Reiz verlieh. Er hatte seinen Tiefstand erreicht und überall bildeten sich Sandbänke. Normalerweise ist die Strömung sehr stark und an einigen Stellen bildeten sich sogar Stromschnellen.
Übrigens lebt der **größte Süßwasserfisch der Welt im Mekong**. Ich aß ihn schon auf dem Markt. Die Thai grillen ihn auf offenen Feuerstellen in Folie oder auch als Stockfisch. Super frisch und sehr köstlich, in etwa zu Vergleichen im Geschmack mit unserem Zander.
Es gab normal große aber auch riesige Exemplare. In einem Restaurant an der Promenade zeugten Posterfotografien von den glücklichen Fischern, die einen besonders großen Fang zu feiern hatten.
So manch einer hatte einen zwei Meter *„Pla Buek"*, so heißt der Fisch, an der Angel oder in seinem Netz. So ein Ungetüm konnte eine mehrköpfige Familie einige Tage ernähren.

Durch den Tiefstand des Wassers befuhren während der Trockenzeit nur kleine Fischerboote und die flachrumpfigen Fähren den Fluss von einem Ufer zum Anderen.

17.April 2011 – Siebenter Tag in Nong Khai

Mein Frühstück genoss ich wieder im „*Mut Mee*".
Dort traf ich auch die junge Frau, die sich um die Formalitäten für den verunglückten Österreicher gekümmert hatte. Sie berichtete mir, dass er am Tag zuvor nach Bangkok ausgeflogen worden war.
Seinen Pass händigte ihm die Behörde auch wieder aus, nachdem die Botschaft für ihn bürgte. Wahrscheinlicher ist wohl, dass da so mancher Baht in die Taschen von so einigen Beamten geflossen war.

Mittler weile kam mir mein australisch-neuseeländischer Mönch etwas suspekt vor. Noch vor zwei Tagen verabschiedete er sich quasi von mir mit dem Hinweis, dass er ab dem 15.April bei seinem Lehrer in dessen Dorf leben würde. Auf ein mal wollte er nach Bangkok und dann auf die Cook Inseln um mit seinem ältesten Sohn fischen zu gehen.
Die Cook Inseln, eine Inselgruppe in der Südsee, wurden durch den Film und das Buch „Die Meuterei auf der Bounty" weltberühmt und noch heute leben Nachkommen der Meuterer auf den Inseln.
Sie hatten sich die wunderschönen Maorimädchen zu Frauen genommen und mit ihnen viele Nachkommen gezeugt. Wenn ich erst in Thailand lebte, wäre es ein Traum von mir mal nach Neuseeland zu fliegen. Von dort aus ist es nicht weit bis in die Südsee und die Cook Inseln wären ein lohnendes Ziel.
Ich hatte nicht das Gefühl, das er mich belog was seine Pläne anging, eher wurde ich von der Überzeugung geprägt, dass er für den endgültigen Schritt, weiter entfernt schien, als er sich selber eingestehen wollte. Für die restlichen Tage überließ er mir ein wunderschönes altes Buch, das die **zehn Leben des Buddha** in Geschichten , die man *Jatakas* nennt, beschrieb. Die Zeichnungen darin, *Jataka Paintings* genannt, findet man in allen großen Tempeln und in den Klöstern.
Sie sind unbeschreiblich schön. Gemalt mit Farben, die die Künstler zu damaliger Zeit aus Blättern, Erde, Wurzeln und Blüten herstellten. Sogar mit purem Gold wurde gearbeitet. Die größte Sammlung dieser Wandbilder befindet sich im **Grand Palace in Bangkok**.

Die Wandzeichnungen gelten bei den **Buddhisten** auf der ganzen Welt als besonders mystisch und werden sehr verehrt. Leider reichte mein Englisch für eine derartig schwierige Lektüre nicht wirklich aus, so das mir das Lesen auf Dauer zu anstrengend wurde.
Gut die Hälfte schaffte ich doch zu entziffern und erhielt dadurch einen Einblick in die **Buddhistische Welt der Sagen und Mythen.**
Im Wesentlichen ging es um die **Zehn Tugenden**, die ein Buddhist beherzigen musste. Ich glaube jeder Mensch dürfte nach diesen Regeln ein wesentlich freudvolleres Leben genießen, egal welcher Religion oder Weltanschauung er angehörte. Hier die zehn Tugenden:

1. **Renunciation**: *Verzicht, Entsagung*

2. **Mahajanaca/Courage**: *Unerschrockenheit, Tapferkeit*

3. **Sama/Lovingkindness**: *Liebenswürdigkeit, Freundlichkeit*

4. **Nimi/Resolution**: *Entschlossenheit*

5. **Mahasadha/wisdom**: *Weisheit, Klugheit*

6. **Bhuridatta/perseverance**: *Ausdauer, Beharrlichkeit*

7. **Canda-Kumara/forbearance**: *Nachsicht*

8. **Narada/equanimity**: *Ausgeglichenheit, Gleichmut*

9. **Vidhura-Pandita/Truth-Fullness**: *Ehrlichkeit, Wahrheit*

10. **Vessantara/Charity**: *Nächstenliebe, Wohltätigkeit*

Kann man etwa etwas dagegen sagen? Wenn alle Menschen diese Regeln befolgen würden, was hätten wir für eine freie, friedliche Welt!

Wenn die Sonne über dem Mekong unterging, sah es einfach berauschend aus. In meiner Umgebung begann das nächtliche Leben.
Die Restaurants und Bars auf der Promenade und in den Straßen der Stadt füllten sich zusehends. Es wurde gegessen und getrunken und aus manchen Bars erklang westliche Discomusik.

Bevor ich zu Bett ging wollte ich noch ein paar schöne Aufnahmen vom Mekong machen, der ganz in Rot und Purpur erstrahlte während die Sonne hinter den Bergen im Westen verschwand.

18.April 2011 – Achter Tag in Nong Khai

An einem Bootssteg, direkt vor dem „*Mut Mee*", lag die *Nagaria* vor Anker. Das Schiff gehörte zum Ressort und wurde für eine *Sunrise Cruise*, eine Flussfahrt in den Sonnenuntergang, genutzt.
Die Fahrt sollte etwa eine Stunde dauern und das Schiff legte gegen 17:00 Uhr ab. Wer wollte konnte an Bord essen und trinken, die Speisen mussten vor der Abfahrt bestellt werden. Das Ticket für die *Nagaria* kostete zwischen **100** und **200 Bath**, je nach Teilnehmerzahl. Ich wollte jedenfalls auch in den Sonnenuntergang fahren und so buchte ich ein Ticket für jenen Abend.

Bewaffnet mit meiner Kameratasche nahm ich also um 16:45 Uhr, als erster Passagier, auf dem Schiff Platz. Ich bestellte eine kalte frische Kokosnuss und ein Fischgericht mit *Pla Buek*. Noch bevor ich meine Mahlzeit beendet hatte, stürmte eine ganze Großfamilie die Nagaria.
Auch diese Menschen hatten Hunger und bestellten Ihr Abendessen, was zu Folge hatte, dass sich die Abfahrt um eine Stunde verzögerte. Diese Verzögerung war auch gut so, weil erst ab dieser Zeit der atemberaubende Sonnenuntergang zu bewundern sein würde. Mit mir zusammen kam noch ein Pärchen auf das Schiff. Eine Thailänderin und ein Europäer. Sie fotografierten sich immer gegenseitig und so bot ich mich an ein gemeinsames Foto von ihnen zu machen.
Die junge Frau verließ den Tisch für einen Moment und so konnte ich mich mit dem Mann, einem Holländer, recht gut auf deutsch unterhalten. Er hieß Peer und wohnte zur Zeit eigentlich bei einem Freund in **Chiang Mai**. Er kam nur Thoom zu liebe, so hieß die junge Frau, für ein paar Tage nach **Nong Khai**. Was er mir über **Chiang Mai** erzählte bestärkte mich in meiner Ansicht unbedingt noch einmal vor unserer Übersiedlung in Chiang Mai gewesen sein zu müssen.
Auch Peer will nach Thailand umsiedeln. Es geht ihm ähnlich wie uns, auch er hat von seinem Heimatland die Nase voll. Er hat das Gefühl das die holländische Regierung ihren Landsleuten einen Maulkorb anlegt und ihnen immer wieder Steine in den Weg wirft, wenn sie es sich etwas besser gehen lassen wollen. Seiner Meinung nach wächst das Steueraufkommen genauso unaufhaltsam, wie die Krimi-

nalitätsrate. In einen Großteil der Straftaten seien oftmals Migranten involviert. Die Gefängnisse füllen sich mit diesen Tätern.

Das kommt mir doch irgendwie bekannt vor! Kein Wunder, genau dieses Szenario spielt sich doch auch bei uns in Deutschland ab.

Auf der einen Seite beruhigt mich die Tatsache, dass es auch anderswo in Europa so aussieht, wie bei uns. Auf der anderen Seite macht mich das auch sehr nachdenklich. Alleine die Tatsache, wie meine Tochter behandelt wurde, nachdem ihr ein kaum heilbares Leid zugefügt wurde und sie dennoch versuchte wieder auf die Beine zu kommen, war für mich ein Indiz dafür, dass es mit unserer Rechtsprechung nicht weit her zu sein schien.

Diese ganzen Punkte bestätigen mich nur in meinem Wunsch Deutschland zu verlassen. Peer konnte mich sehr gut verstehen. Sicherlich wird es auch in Thailand nicht nur rosarote Zustände geben, das war mir schon klar.

Als Ausländer konnte man sich aber aus den inneren Konflikten heraushalten. Das nimmt einem auch niemand übel. Man hat hier keine Rechte, weshalb sollte man sich dann um Dinge kümmern, die einem nichts angehen.

Die meisten Thailänder sind zufrieden mit ihrem Leben, das reicht mir als Grundlage für ein nettes Miteinander. Für Peer wäre **Chiang Mai** sein bevorzugtes Ziel. Zur Zeit sei es dort um die 25 Grad warm und nächtens kühle es sich so ab, dass man weitestgehend auf eine Air Condition verzichten könne.

Als Thoom wieder an unseren Tisch zurückkehrte wurde die Kommunikation nur noch auf englisch fortgeführt, damit sie sich auch an der Unterhaltung beteiligen konnte. Sie gab mir ihre Handynummer und bot sich an uns zu helfen, sollten wir uns für **Nong Khai** als Wohnort entscheiden. Thoom arbeitete beim Staat und konnte uns vielleicht mit Rat und Tat zur Seite stehen.

Es wurde ein wirklich netter Abend und der Sonnenuntergang unterstrich ihn noch mit einem besonders gleißendem Licht, das den Fluss und seine Umgebung in eine Bilderbuchlandschaft verwandelte.

Mit dem Versprechen an die Beiden mich auf jeden Fall aus Deutschland zu melden, verabschiedeten wir uns, nicht ohne email Daten aus zu tauschen.

19. April 2011 – Letzter Tag in Nong Khai

Der Morgen läutete meinen **letzten Tag in Nong Khai** ein und ich machte mich auf den Weg um dem deutschen Bäcker, der die Feiertage geschlossen hatte, einen Besuch abzustatten.

In seiner Auslage entdeckte ich zwar verschiedene Backwaren, Brot, Brötchen und auch Kuchen, aber der Laden selbst war nicht sehr ansprechend. In dem angrenzenden Cafe saßen nur deutsche Männer. Ich hingegen war die einzige europäische Frau.

Ob nun meine Anwesenheit als Solche daran Schuld war kann ich nicht sagen, doch mir fiel besonders auf, dass die Herren verbissen und irgendwie unfreundlich herüberkamen. Sie grüßten nicht und waren nicht im Geringsten daran interessiert mit mir ins Gespräch zu kommen. Ganz anders als die Leute aus Amerika, Australien, England und aus Holland. Mit denen hatte ich immer gute Gespräche, genau so, wie mit einigen Thai, wenn es die Sprachbarrieren einigermaßen zuließen.

Ich war mir absolut sicher, könnte ich Thai sprechen, würde ich mit vielen Menschen in Kontakt kommen. Die Thai sind Fremden gegenüber sehr offen, wenn sie merkten, dass man sie verstand.

Ich werde auf jeden Fall versuchen über einen Kurs die Sprache zumindest einigermaßen zu erlernen. Alles würde dann viel einfacher werden.

Eine kleine Anekdote hätte ich fast vergessen zu erzählen.

Am Morgen gegen 3:00 Uhr wurde ich unsanft aus dem Schlaf gerissen.

Meine Nachbarn, ein junges Pärchen, kamen scheinbar aus der Disco, was ja nicht weiter schlimm wäre, nur, das die so laut wurden, dass ich nicht mehr einschlafen konnte. Eine Weile hörte ich mir das Spektakel an, dann ist mir die Hutschnur geplatzt. Ich trat gerade aus der Tür, als im selben Moment der lärmende, männliche Teil der Gesellschaft aus dem Zimmer kam. Ich schimpfte sichtlich erbost auf englisch los: *„Was das denn hier für ein Benehmen sei, schließlich sei es morgens um 3:00 Uhr und sie doch nicht alleine im Hostel. "*

Der junge Mann, hinterher in meinem Zimmer schmunzelte ich über sein verdattertes Gesicht, wurde ganz kleinlaut und stammelte immer nur: *„Oh, sorry Madame, sorry, sorry."*
Schlagartig trat gespenstische Ruhe ein.

Eines ist jedenfalls sicher, deutsche Jugendliche wären frech oder sogar aggressiv geworden, Thailänder sind dem Alter gegenüber immer respektvoll.

Fazit - Nong Khai

Zum Abschluss meines Aufenthaltes im Isarn möchte ich folgendes Resümee ziehen:

Nong Khai war noch weitestgehend von den Touristenströmen verschont geblieben. Der Lebensrhythmus der Einwohner einfach entspannter, als man es aus den Hochburgen des Tourismus gewöhnt war.

Es lebten eine ganze Menge Farangs im Gebiet um Udon Thani und Korat herum. Die Gründe dafür waren sicherlich vielfältig.

Die Nähe zu Laos gehörte dabei sicherlich zu einem entscheidenden Grund für das Leben in der Nähe der Grenze. Es vereinfachte die aufkommenden Visumangelegenheiten doch sehr.

Viele Auswanderer müssen, auf Grund der Visumbestimmungen, spätestens nach neunzig Tagen ausreisen, um sich bei einer erneuten Einreise nach Thailand weitere neunzig Tage Aufenthaltsrecht zu sichern.

Der Isarn gehört zu den wenigen Gebieten in Thailand, die von starken Wetterumschwüngen weitestgehend verschont bleiben und die Mietsituation für Langzeitmieter ist wohl auch recht gut.
Udon Thani verfügt über einen Flughafen von dem aus man problemlos nach Bangkok kommt.

Nong Khai ist eine beschauliche Kleinstadt in deren Umgebung noch viele Ziele zu entdecken sind. Zum einen die gesamte Mekong Küste in Richtung Westen und Osten. Einige schöne Nationalparks mit tosenden Wasserfällen, sowie der eine oder andere idyllische Ort.
Nicht zu vergessen ein Trip ins benachbarte Laos.
Auch wenn man nicht wegen der Visaangelegenheiten über die Grenze gehen muss, gibt es dort noch so manchen schönen Ort zu entdecken.

Ohne fahrbaren Untersatz wird das Leben in Thailand allerdings kaum möglich sein. Man will nicht immer nur mit einem Taxi unterwegs sein, was trotz der guten Preise, auf Dauer auch recht teuer werden würde.

Ich lernte an meinem letzten Tag in Nong Khai diese nette junge Frau kennen, die mir versicherte, dass es kein Problem sei ein gutes gebrauchtes Auto für wenig Geld zu erwerben.

Auf jeden Fall werden Motorroller angeschafft, damit wir erst mal mobil sind. Sehr wichtig sei es, laut Auskunft von Thoom, das man auf den Kauf eines Wagens verzichtete, der mit der neuesten Technik ausgestattet sei. Man könne dann leider nicht die preiswerten Werkstätten der Thailänder nutzen. Die verfügten nicht über die teuren Analysegeräte, die man für so ein Auto benötigte. Die Mechaniker seien alles Handwerker und verstünden sich nicht auf die computergesteuerten Motoren. Ein Auto wäre schön für längere Strecken, aber für das alltägliche umher düsen reichte auch ein Roller.

Wohnen in Nong Khai an der Mekong Promenade

Ein Geisterhäuschen

20. April 2011 – Bahnfahrt nach Hua Hin

Die Bahnfahrt nach **Hua Hin** gestaltete sich einigermaßen konfus. Ich nahm den ersten **Zug** um 6:00 Uhr am Morgen **ab Nong Khai** und würde nach elf Stunden Fahrzeit um 17:10 Uhr in **Bangkok** eintreffen, so Gott und die thailändische Eisenbahn wollten.

Von **Bangkok** aus könnte ich bereits um 17:25 Uhr weiter reisen und wäre dann um 21:20 Uhr in **Hua Hin**. Für die Fahrt ins Ressort nach **Pranburi** wäre es auf jeden Fall zu spät. Um diese Zeit könnte ich nur noch ein Taxi für mindestens **1000 Bath** bekommen, wenn überhaupt. Die Strecke wäre mit dem Auto nicht unter einer Stunde Fahrzeit zu realisieren. Als Option bliebe mir entweder eine Nacht in Bangkok oder in Hua Hin zu verbringen.

Nachts fahren die **Langstreckenbusse von Bangkok bis nach Butterworth**, dem letzten Ort auf thailändischer Seite, an der **Grenze zu Malaysia**. Leider halten diese Busse aber nicht in Pranburi.

Welche Option ich endgültig in Erwägung ziehen werde, entscheide ich im Zug. Schließlich werde ich elf Stunden Zeit haben diese zu bedenken.

Ich bestieg also den **Zug nach Bangkok**.
Der liebe Gott hatte sicherlich nicht wirklich etwas damit zu tun die thailändische Eisenbahn sehr wohl. Der Zug war statt um 6:00 Uhr erst um 6:35 Uhr startklar. Ob wir den Fahrplan einhalten könnten, würde sich noch zeigen.

Laut Reiseplan hielt der Zug an jedem Kuhdorf auf der Strecke. Den **Anschlusszug nach Hua Hin** könnte ich mir wohl abschminken, dachte ich jedenfalls. Ich hatte allerdings bereits beschlossen, dass mir gar nichts meine Freude über diese Zugreise vermiesen könne. Wenn nicht diesen Zug nach Hua Hin, dann eben den nächsten. Eine Nacht in Bangkok zu bleiben wäre auch noch eine Option.

Das 2. Klasse Abteil war recht bequem. Es verfügte über Liegesitze, wie im Flugzeug, nur mit mehr Beinfreiheit. Alle paar Minuten kam irgendein Mensch durch das Abteil und bot etwas zu futtern oder Getränke an.

Ich lies mir eine *Isarn Spezialität* servieren. In Bambusrohren gegarter Reis mit Rosinen und Kokosmilch, sehr lecker.

Der Zug war recht gut besetzt. Als abenteuerlich konnte man den Besuch des Stillen Örtchens bezeichnen. Es handelte sich um ein Stehklosett mit einem Loch in der Mitte des Bodens. Genaues Zielen war dabei unabdingbar, wenn man nicht Gefahr laufen wollte sich selbst zu benässen. Bei den wilden Schwingungen des Zuges kein leichtes Unterfangen.

Das nächste recht halsbrecherische Abenteuer erwartete einen, wenn man zu den Benutzern von Rauchware gehörte. Im Zug war das Rauchen natürlich verboten. Wer es trotzdem nicht lassen konnte, musste sich auf einer 50 x 50 cm großen Plattform zwischen zwei Abteile stellen, die sich wie ein Lämmerschwanz gebärdeten. Unbedingt von Nöten war es, sich gut festzuhalten, denn immerhin machte die Schmalspurbahn 80 kmh. Da das Meiste von der Zigarette durch den Luftzug verqualmte, könnte man wohl diese Art der Nikotinaufnahme schon fast als gesund bezeichnen.

Übrigens, wer wollte konnte auch eine warme Mahlzeit bekommen. Der Schaffner schritt durch die 2. Klasse um mitzuteilen, dass man ab sofort den Speisewagen nutzen könne. Ich hatte allerdings gerade diesen köstlichen Reis genossen und war pappesatt, vielleicht beim nächsten Mal.

An den Bahnhöfen von so manchem kleinen Örtchen waren die Namen nur in thailändisch auf die Schilder gemalt worden. Diese Tatsache machte mir eine zeit lang Schwierigkeiten mich zu orientieren.

Auf einem dieser Stationen stieg eine junge Frau in den Zug, die scheinbar von ihrem Mann und ihrem kleinen Sohn zum Bahnhof gebracht wurde. Der kleine Knirps weinte herzzerreißend nach seiner Mami, die nach den Feiertagen bestimmt wieder in die große Stadt fahren musste um zu arbeiten.

Erstaunlich war auch, was die Leute so alles als Gepäck mitnahmen. An einer anderen Station stieg ein Mann dazu, der einen riesigen Sack voller Reis über seine Schultern geworfen hatte. Allerdings bemerkte er nicht, dass das gute Stück ein ziemlich großes Loch am unteren Ende aufwies. Er musste den Zug durchqueren, weil er im falschen Abteil war und ich bezweifelte, das am Ende noch viel Reis im Sack sein würde. Die Bahnputzfrau fegte fein säuberlich hinter ihm her. So eine Geschichte, die mich zum schmunzeln inspirierte, erlebte man eben nur, wenn man nicht als Tourist im 1. Klassewagon unterwegs war.

Über die gut gemeinte Warnung meines Wirtes im Ressort, nicht ohne Jacke in die klimatisierte 2. Klasse zu steigen, war ich sehr dankbar. Die Klimaanlage war nämlich auf Kühlschrankniveau eingestellt. Der Platz neben mir war nun auch besetzt worden. Eine junge Frau stieg beim letzten Halt der Bahn zu.

Nach einiger Zeit legte der Zug eine Vollbremsung hin. Er kam mit quietschenden Rädern zum Stehen und man konnte aufgeregtes Rufen von draußen hören. Hoffentlich war niemandes Leben zu betrauern.

Darunter würde man in Thailand allerdings im Höchstfall das Ableben eines Vierbeiners verstehen, die manchmal auf den Schienen schliefen, aus welchem Grund auch immer. Aber es gab, Gott sei es gedankt, keine Toten zu beklagen. Ein Thaicowboy trieb seine recht gut gebauten Rindviecher über die Gleise und die hatten es einfach nicht ganz so eilig.

Ab und zu musste ein Gegenzug vorbeigelassen werden, der den Bahnhof als Erster erreichte. Es gab nämlich nur ein Gleis für beide Richtungen und wer zuerst kam, hatte das Vorrecht.

An jeder Station stiegen fliegende Händler ein und aus. Damit wurde den kleinen Leuten die Möglichkeit gegeben ihre Waren anzupreisen und den Reisenden das eine oder andere einzukaufen.

Nachdem nun der Gegenzug vorbeigelassen war, setzten wir die wilde Fahrt fort. Ich musste an alte Stummfilme mit Charlie Chaplin denken, in denen er mit der ersten amerikanischen Eisenbahn in die Goldgräbercamps fuhr.

Auffällig war, das junge Thailänderinnen mit kleinen Kindern allein unterwegs waren, Männer gehörten äußerst selten dazu.

Auf dem Platz neben meinem saß auch wieder eine junge Frau mit ihrem Töchterchen. Ich schätzte das Kind auf fünf Jahre.

Ihre Mama war nur damit beschäftigt, das kleine Prinzesschen zu füttern. Die Mahlzeit der Kleinen bestand aus Fastfood und süßen Stückchen. Als ein Obsthändler durch das Abteil kam, kaufte ich mir eine Tüte mit geschnittenen Obststücken. Weil die Kleine so zu mir herüber sah bot ich ihr etwas an. Sie verzog nur das Gesicht.

Ihre Mutti erklärte mir, das das Prinzesschen kein Obst mögen würde. Wie Schade. Die nächste Generation von Thailändern würde wohl den europäischen und amerikanischen Jugendlichen im Puncto schlechter Ernährung immer ähnlicher werden.

Unser Zug stand mal wieder, dieses Mal im **Bahnhof von Korat** und wartete auf den Gegenzug. Es regnete etwas.

Das Klima änderte sich, ja näher man dem **Menam Chao Praya Delta** kam. Der Fluss, der auch durch Bangkok fließt, hat scheinbar einen bestimmenden Einfluss auf die Witterung im Delta. Es wurde zunehmend schwüler.

Korat war von einem grünen Gürtel umgeben, was sich durch die Nähe zum **Khao Yai** begründete. Es hingen dicke Regenwolken am Himmel. Die Fahrt des Zuges verlangsamte sich ab dort um einiges. Wir durchquerten den **Khao Yai**.

Im Nationalpark darf auch der Zug nur höchstens 30 kmh fahren. Diese Strecke war die mit Abstand schönste auf der Bahnreise. Zeitweilig schlängelten sich die Gleise durch die Baumwipfel. Hätte es nicht geregnet und wären die Scheiben klar gewesen, hätte sich mir ein wunderschönes Naturerlebnis eröffnet.

Ich versuchte, durch die nassen und auch nicht gerade sauberen Scheiben etwas von der wunderschönen Umgebung zu filmen. Ob mir die Aufnahmen gelungen waren, würde ich erst zu Hause feststellen können.

Die weitere Route führte an der alten **Königsstadt Ayuttaya** vorbei. In der Ferne sah man einen Teil der **gigantischen Tempelanlagen**. Die Dächer der **goldenen Chedis**, strahlten mit der Sonne um die Wette. Auch diese Strecke war ausgesprochen sehenswert.

Wir kamen **Bangkok** immer näher und ich konnte es kaum glauben, aber wir würden fast auf die Minute genau im **Hauptbahnhof** eintreffen. Der Zug durchquerte auf der letzten Strecke die Innenstadt von Bangkok, weil der Hauptbahnhof genau dort lag. An den Straßenkreuzungen wurden Schranken hinunter gelassen. Rechts und links von der Bahntrasse bildeten sich dadurch ellenlange Staus. Die Bahn hatte jedenfalls immer Vorfahrt.

Ich erreichte den **Bummelzug nach Hua Hin** tatsächlich noch und das ganz bequem.

Von wegen *Bummelzug*, der raste mit bestimmt 100 kmh durch die Finsternis und war ausgesprochen bequem. Es kam mir so vor, als hätte **Thai International** ihre Flieger neu hergerichtet und der Eisenbahn die ausrangierte Bestuhlung gesponsert.

Jedenfalls hatte man hier wesentlich mehr Beinfreiheit und die Fenster gingen auch auf zu machen. Als besonders sauber konnte man die Züge allerdings nicht bezeichnen. Die hatten sicherlich seit ihrer Konstruktion keine Wäsche mehr bekommen.

An jeder Endhaltestelle werden zwar die Abteile vom Schmutz, den die Passagiere hinterlassen hatten, gereinigt damit war es dann auch schon getan.

Was ich meinte bezog sich auf die Züge an sich, wie z.b. die Fenster, durch die man nur vermuten konnte, dass draußen eine Landschaft vorbei flog. Die Klos waren hingegen gewöhnungsbedürftig. In den meisten europäischen Zügen sah es auch nicht anders aus.

Mein Erlebnis der besonderen Art hatte ich auf einer Zugreise nach Florenz, bei der ich mir den Toilettengang bis zur Ankunft verkniff.

Nach 4,5 Stunden Fahrzeit kam ich gegen 22:30 auf dem **Bahnhof von Hua Hin** an. Das erste Hotel unmittelbar am Bahnhof war dann auch meines. Für 17,50 Euro inklusive Frühstück war es ausgezeichnet.

Nachdem ich mein Gepäck auf dem Zimmer hatte, ging ich dem Hinweis des Nachtportiers nach. Er empfahl mir einen kurzen Fußmarsch zum Strand, wo noch das eine oder andere Restaurant geöffnet sein sollte. Der gute Mann hatte Recht.

Ich aß gegrillte Meeresfrüchte von vortrefflicher Qualität, was ich auch dem Wein bestätigen kann, den ich dazu trank. Der einzige Wermutstropfen war am Ende der Preis. Nun wurde mir deutlich bewusst, dass ich nicht mehr mit den *lieblichen Preisen im Isarn* verwöhnt werden würde.

In **Hua Hin** wurde alles auf die *gut betuchte Touristenklientel* eingestellt, zumindest traf das auf die Preise zu. Alles andere lag in finsterer Nacht. Was ich vom Strand sah, war ein riesiger Hotelkoloss mit zig Stockwerken. Ich gab mich der Hoffnung hin, dass es in **Pranburi** flacher und gemütlicher zugehen würde.

„Unser Leben ist das Produkt unserer Gedanken"

Marc Aurel

21.April 2011 – Von Hua Hin nach Pranburi

Ich schlief sehr gut. Das Frühstück war so lala, nichts Besonderes.
Auf meine Frage nach einem **Bus nach Pranburi**, erhielt ich die Auskunft, dass Derselbe direkt gegenüber vom Hotel halten sollte.
Na Super, dachte ich, dann könnte ich mir ja noch etwas **Hua Hin** bei Tag ansehen. Ich machte mich auf den Weg.

Die Straßen waren recht ruhig, was den Verkehr betraf.
Ich gelangte nach einiger Zeit an eine Schnellstraße, die mich direkt zu einem Markt führte. Es war ein ausgesprochen großer Markt, überdacht und gefüllt mit Ständen die ausschließlich Lebensmittel verkauften. Frisches Obst, frischen Fisch, Gemüse, Gewürze und davon eine unübersichtliche Vielfalt.
Als ich den nächsten Ausgang nahm, wusste ich eigentlich gar nicht mehr, wo ich mich befand. Ich lief einfach los und plötzlich erkannte ich die Hauptstraße wieder. Ich steuerte das nächste kleine Restaurant an und ließ mir mein zweites Frühstück schmecken.
Im Angebot war nur eine Suppe mit verschiedenen Gemüseeinlagen die typisch thailändisch scharf schmeckte.
In der kurzen Zeit konnte ich natürlich nicht viel von **Hua Hin** sehen. Was ich sah, war nicht spektakulär, aber auch nicht schlecht. Eventuell sollte es möglich sein von meinem **Ressort in Pranburi** aus, einen Tag hier verbringen zu können. Zu dem Zeitpunkt, als ich das schrieb, hatte ich noch nicht den Anflug einer Ahnung über das, was mich noch erwarten sollte.
Zurück im Hotel schulterte ich wieder mein Gepäck – *ich werde nie mehr eine mehrwöchige Reise mit einem Rucksack unternehmen* – und wartete auf meinen **orangefarbenen Songteaw**.

Er kam in Sicht und ich winkte, damit der Fahrer registrierte, dass jemand zusteigen wollte. Dieser Busfahrer sprach nicht das kleinste Wort englisch und ich rief über mein Handy in **Pranburi** an. Es meldete sich eine Männerstimme auf englisch, so viel konnte ich verstehen, nur den genauen Wortlaut nicht. Zu allem Übel wurde auch noch die Verbindung gekappt. Ich rief erneut an. Jetzt hörte ich den Mann und bat ihn dem Fahrer auf Thai zu erklären, wo ich hin müsse. Nach dem Gespräch ging ich also davon aus, dass der Fahrer genau wusste, was zu tun war. Welch ein fataler Irrglaube.

Der Bus *(Songteaw)* fuhr nach einiger Zeit in eine Stadt und ich dachte mir schon, dass es sich dabei möglicherweise um **Pranburi** handeln könnte.

Plötzlich, nach einem riesen Stau, hielt er an und bedeutet mir auszusteigen – *Endstation*.

Eines wusste ich genau, das ich *das hier* auf keinen Fall gebucht hatte. Ich sah weit und breit kein Meer, nur Häuser, Autos und Menschen. Langsam merkte ich, wie in mir ein Anflug von Panik aufkam.

Die Stadt war brütend heiß. Mein Gepäck wurde mir immer schwerer und ich hatte furchtbaren Durst. Ich lief ein kleines Stück die Straße hoch um nach einem Taxi Ausschau zu halten. In der Blechlawine konnte ich jedoch keines entdecken. Als ich mich umsah, stand ich vor dem Eingang einer großen Bankfiliale.

Zum verglasten, schicken Eingang musste man einige Stufen überwinden. Die Stufen kamen mir vor, als würde ich den Mount Everest erklimmen. Ich war mir nicht sicher, ob ich es mit dem schweren Gepäck schaffen würde den Eingang zur Bank zu erreichen. Im Foyer kam mir sofort eine angenehm kühle Luft entgegen.

Unterdessen hatte sich nämlich auch noch mein Handy verabschiedet und ich wollte versuchen von der Bank aus einen Anruf zum Ressort tätigen zu können. Ein netter Bankangestellter bot mir seine Hilfe an. Meine Bitte einen Anruf machen zu dürfen wurde mir prompt erfüllt.

Der nette Mann sprach selbst mit dem Mann am anderen Ende der Leitung auf thailändisch. Warren, der Ressortleiter, bat mich an Ort und Stelle zu bleiben, es käme mich jemand abholen.

Gott sei Dank!!!

Der nette Bankmensch war kurz verschwunden und kam dann mit einem Glas und einer Flasche kaltem Mineralwassers wieder. Es war für mich. So was nettes und höfliches ist nicht selbstverständlich in unseren Landen.

Wisst ihr nun, was mich in dieses Land zieht?
Die Thailänder sind ein ausgesprochen gastfreundliches Volk.
Man kann sich einfach nur wohl fühlen, finde ich.

Will man Respekt muss man sich ihn allerdings erst einmal verdienen.
Hält man sich an die Sitten und Gebräuche des Landes und akzeptiert
man sie ohne deren Bedeutung zu analysieren, bringen die Einheimischen Fremden gegenüber mehr und mehr Respekt entgegen.

Benimmt man sich hingegen wie ein Elefant in einem Porzellanla-
den und eck stets nur wegen seines Benehmens an, bleibt man einfach
nur ein **Farang** *(Weißer)*, den sie im besten Fall belächeln.
Jeder muss wissen, was ihm wichtig ist. Ich jedenfalls möchte einfach nur respektiert werden und das freundliche lächeln der Thailänder genießen. Mir wurde davon während dieser Reise bisher mehr
als genug entgegen gebracht. Wenn man auch freundlich lächelt und
ihren **traditionellen Gruß**, den *WA* anwendet, finden die Thai das
sehr nett. Aber Vorsicht! Auch beim *WA* gibt es wichtige Formen die
man waren sollte.

Meine Reise sollte weiter gehen.
Der Fahrer vom Ressort stand vor der Bank am Straßenrand.
Ich bedankte mich noch einmal mit einem *„Sawasde Ka"* und einem
ergebenen WA bei dem reizenden Bankmenschen und stieg in den
PickUp.

Ein alter Herr, ich schätzte ihn auf über siebzig, saß hinter dem
Steuer. Er sprach natürlich auch kein englisch, aber er verstand ein
wenig.

Die Anreise war, gelinde gesagt, etwas schwierig. Hier dürfte wohl
jeder Taxifahrer etwas überfordert gewesen sein. Die Fahrt ging immer weiter Richtung Süden und gleichzeitig überkam mich das Gefühl, auch dem Meer näher zu kommen. Wir passierten hübsche kleine
Siedlungen und schöne Einfamilienhäuser. Bei einem dieser Häuser
sagte mein Fahrer: *Farang for you ...*

Das sollte wohl bedeuten, dass dieses Haus von Ausländern bewohnt war.

Die Landschaft wurde immer grüner. Im Hintergrund zeigten sich
kleine Berge auf denen Urwald wuchs. Manchmal stand mitten im
Gelände ein einzelner grüner Hügel.
Nach einigen Kurven und wechselnden Straßen waren wir dann endlich an meinem Ziel.

 *Erklärung ...*

Für den **WA** faltet man seine Hände vor der Brust und verneigt sich vor seinem Gegenüber.

Je nach Stand fällt auch der **WA** aus.

Nickt einem ein **Bettler** zu, verneigt man sich nur kurz **ohne den WA.**

Bei einer Verkäuferin oder im Restaurant z.B. hält man die **Hände vor die Brust und verneigt sich leicht.**

Vor einem **Beamten** hält man die **Hände etwas höher** und verneigt sich ebenfalls.

Vor einem **Geistlichen,** ob **Mönch oder Priester,** kommen die **Hände in Mundhöhe** und die Verneigung geht etwas tiefer.

Vor **Buddha** faltet man die **Hände vor der Stirn und geht dabei in die Knie und verbeugt sich bis auf den Boden.** Das natürlich nur in einem Tempel. Vor Buddhastatuen außerhalb von Tempeln, legt man Hände an die Stirn und verbeugt sich tief.

Wie man an diesem einen Beispiel merkt, gibt es in Thailand viel zu lernen, wozu man unbedingt bereit sein sollte, wenn man dieses Land als sein künftiges Zuhause erwählt haben sollte.

Strand in Pranburi mit „Affeninsel"

Das ***Blue Beach Ressort*** lag, nur durch eine schmale Straße getrennt, direkt am Meer und entpuppte sich als ein kleines Paradies. Es verfügte über liebevoll ausgestattete Bungalows, einer schönen Gartenanlage, einem offenen Restaurant und, *last but not least*, einem ausgesprochen attraktiven Inhaber.

Warren war Engländer und stammte aus Liverpool. Er lebte seit über 12 Jahren in Thailand, war verheiratet und hatte einen kleinen Sohn. Mutter und Kind weilten zur Zeit bei den Eltern der Frau in der Gegend um **Krabi**, weiter südlich von **Pranburi**.

Dieser idyllische Ort kam mir so vor, als sei hier die Zeit stehen geblieben, das hier die Uhren anders ticken.

Der Standort des Ressorts lag am Ende einer langen Bucht. Gegenüber, in einiger Entfernung vom Festland, gab es eine **kleine Insel**, die von den Einheimischen den Namen „*Affeninsel*" bekam.

Den kleinen Felsen im Meer hatten sich eine große Horde Affen als Wohnort gewählt, deshalb der Name. Sie galten als recht frech und Warren konnte so manche Anekdote von Touristen erzählen, die mit

Gepäck zur Insel ruderten und ohne wieder zurückkehrten, weil die Affen alles stahlen.

So manch einer wartete, bis die Ebbe einsetzte, weil die Affen sich der Paddel bemächtigten und man nur bei Ebbe ohne Paddel wieder ans Festland gelangen konnte. Vielleicht werde ich mal den Versuch wagen. Warren vermietete Kanus an seine Gäste.

Vorerst begnügte ich mich erst mal mit einem Spaziergang am Strand entlang. Es herrschte Ebbe. Das Meer zog sich hier doch recht weit zurück und der Meeresboden war ziemlich schlickhaltig.

Ohne Schwimmschuhe wollte ich auf dem rutschigen Zeug nicht laufen. Der Spaziergang tat meinem Körper und meiner Seele sehr gut, besonders nach den Anstrengungen der letzten Tage. Ich saugte diese Ruhe und Ausgeglichenheit in vollen Zügen auf.

Es war heiß, so um die 36 Grad. Durch die frische Brise, die über den **Golf von Siam** strich, waren es nur gefühlte 28 Grad.

Am Strand lagen kleine Fischerboote wie Spielzeuge herum. Ein Überbleibsel der einsetzenden Ebbe. Käme die Flut zurück, würden sie wieder auf den Wellen schaukeln.

Mein Spaziergang endete in einem anderen schönen Ressort mit direkter Sicht auf das Meer. Das Tollste war ein Swimming Pool von dem aus man auch direkt auf das Meer blicken konnte.

Warren sagte mir, dass es erlaubt sei hier zu schwimmen, auch wenn man nicht Gast des Hauses wäre. Man erwartete natürlich einen Verzehr aus der Hotelküche oder zumindest von der Bar.

Das war für mich kein Problem zumal es hier auch meine geliebte *frische Kokosnuss* gab. Diese wunderbar erfrischende und köstlich schmeckende große Kokosnuss wird eisgekühlt mit einem Strohhalm und einem kleinen Löffel serviert. Der Löffel ist zum Ausschaben des Fruchtfleisches gedacht. Das Getränk erfrischt sehr nachhaltig. Sollte man auch noch vor haben sehr scharf zu essen, bildete die Kokosmilch einen sehr angenehmen Ausgleich zur Schärfe.

Entlang der kleinen Straße, zwischen Strand und Hinterland, reihten sich einige kleine Restaurants und Garküchen auf. Die Auswahl der Restaurationen war überschaubar.

Ich brauchte das auch eigentlich nicht wirklich, weil es bei Warren eine ausgezeichnete Küche geben sollte. Man konnte sich auch wunderschön an den Strand setzen und ein erfrischendes Getränk schmecken lassen, *sehr idyllisch.*

Meinen Wunsch von hier aus nach Hua Hin zu fahren werde ich wohl aufgeben müssen. Es war, trotz der Verhältnis mäßig geringen Entfernung, doch ziemlich umständlich dort hin zu gelangen.

Die vergangenen Wochen waren nicht nur sehr schön, sondern auch ziemlich stressig. Es war an der Zeit einfach nur Urlaub zu machen sich auszuruhen und den lieben Gott einen Guten Mann sein zu lassen. Ich würde noch genügend Zeit haben mir alle Gebiete in Thailand anzusehen.

Hua Hin selbst, bzw. was ich in der kurzen Stippvisite zu sehen bekam, schien eine quirlige Kleinstadt zu sein, die vorwiegend von europäischen Touristen besucht wurde. Sie war wohl auch bestens zum Shoppen geeignet. Dafür war sie wohl mit einigen großen Märkten und Mals gesegnet.

Die nähere Umgebung von Hua Hin soll auch im Bezug auf die Anmietung von Häusern sehr gut bestückt sein. Ich sah bereits ein großes Problem auf mich zu kommen: bei der Auswahl würde es schwer für mich werden einen ersten Ort für unsere geplante Umsiedlung nach Thailand auszusuchen.

Wir wissen eigentlich jetzt schon, dass wir nicht dort bleiben werden, wo wir uns zuerst niederlassen. Vielleicht wird es auch die Umgebung von Hua Hin, wir werden sehen.

Mein erster Tag im Paradies war schon fast Geschichte. Ich war sehr relaxed und freute mich auf jeden noch kommenden von den restlichen sieben Tagen. Am Abend wollte ich meinen Lieben in der Heimat eine Mail senden.

Wie es nun mal im Paradies ist, gab es von den Neuerungen der Technik nicht üppig viele Angebote. Warren bot mir eigentlich seinen PC zur Nutzung an.

Allerdings saß der den ganzen Tag an dem Kasten, weil er schließlich und endlich sein Business über das Netz abwickelte. Ihn dann zu fragen war mir doch schon einiger Maßen unangenehm.

Direkt neben dem **_Blue Beach Ressort_** fand ich ein kleines Internet Cafe. Hier konnte ich jeden Tag sitzen um meine mails zu schreiben. Der Inhaber vermietete auch Motorroller.

22.April 2011 – Blue Beach Ressort in Pranburi

Als ich im Paradies erwachte, war alles was ich hörte das Zwitschern der Vögel, die mit Ihren Stimmen den Tag begrüßten.
Erst zwei Stunden später begann die Ebbe ein zu setzen, deshalb war ich gleich am Morgen schwimmen.

Es waren noch keine Menschen unterwegs, dafür tummelten sich eine ganze Menge wilder Hunde am Strand und suchten nach Krabben, die sich ausbud-

Bungalow im Blue Beach Ressort, Pranburi

deln ließen. Manche von den Tieren sahen erbärmlich aus. Andere waren wohl genährt und machten auch sonst einen recht gepflegten Eindruck auf mich.

Das absolut paradoxe an den Thai ist, ihre einerseits tief religiöse Seele und andererseits ihr Unverständnis im Bezug auf Tierschutz.
Es wird zwar schon wenigstens damit begonnen die Hunde zu kastrieren um deren Verbreitung irgendwann einmal in den Griff zu bekommen aber um die vorhanden Streuner wird sich nicht wirklich gekümmert. Sie werden sich selbst überlassen. Diese nicht vorhandene Tierliebe macht auch meiner sehr tierlieben Tochter einiges zu schaffen. Wenn die irgendwann mal viel Geld verdienen sollte, traue ich ihr zu eine Tierversorgungsanstalt in Thailand zu gründen.

Das Meer war spiegelglatt und über den Bergen ging die Sonne auf. Ich wollte mein erstes Frühstück genießen, das im Preis inbegriffen war. Man hatte die Wahl zwischen fünf verschiedenen Arten. Als erstes wollte ich das frische Müsli probieren und mir jeden Tag ein Anderes schmecken lassen.

Während des Frühstücks konnte ich mich etwas mit Warren unterhalten. Er lebte, wie schon erwähnt, seit zwölf Jahren in Thailand.
An diesem Ort, in der Nähe von **Pranburi**, aber erst seit 5 Jahren.

Vorher wohnte und arbeitete er auf der *Insel* **Ko Tao**, die ich während meines ersten Besuches in Thailand kennen lernen durfte.

Meinen besten Freunden, Heike und Bernhard, begegnete ich am Ende der Neunziger Jahre in Bangkok und wir verbrachten eine Woche auf dem hübschen Inselchen. Unsere Freundschaft besteht bis heute.

Ko Tao ist eine **Insel im Golf von Siam** und die kleinste der drei bekannten Inseln: **Ko Samui, Ko Pangan** und **Ko Tao**.

Zu erreichen ist das Inselchen mit der **Fähre von Chumpon** aus, einer Küstenstadt etwas weiter **südlich von Pranburi**.

Laut Auskunft von Warren ist der ruhige Charme der Insel leider dahin. Es haben sich wohl über 50 Tauchschulen dort nieder gelassen. Schon damals, vor etwa zwanzig Jahren, vermutete ich, dass dieses wunderschöne **Tauch- und Schnorchelrevier** nicht ewig unentdeckt bleiben würde. Damals zog es allerdings eher *Lowbudget* Touristen und *Backpacker* an. Es gab auch nur eine Straße, die man zu Fuß bis zur Anlegestelle der Fähre erlaufen musste. Die einzelnen Buchten waren nur mit dem *Longboot* über das Meer zu erreichen.

Umrundet wurde **Ko Tao** von wunderschönen **Korallenriffen**, die bis an die Strände reichten. In manchen Buchten stand man bis zum Bauch in glasklarem Wasser und wurde von Horden bunter Fische umschwärmt. Manche knabberten sogar an unseren Beinen. Ein Paradies für Schnorchler. Das Paradies scheint nicht mehr zu existieren. *Sehr schade.*

Ich war fest entschlossen mit dem Kanu die Fahrt zur *Affeninsel* zu wagen. Am Strand lagen die Ein- und Zweimann Kanus und ich schleppte ein Kleines zum Wasser, das durch die einsetzende Ebbe schon sehr weit zurückgegangen war. Das Stück Schlick mit dem Kanu im Schlepptau zu durchwaten war ungemein anstrengend.

Als ich am Wasser ankam, war ich schon ziemlich geschafft durch die Schlepperei. Nach einiger Mühe saß ich im Kanu und versuchte vom Strand wegzukommen. Das Wasser war jedoch noch zu flach und durch mein Gewicht drückte ich den Rumpf des Bootes in den Schlick. Ich musste das Boot weiter ins Tiefere schleppen. Als ich es nach einiger Mühe endlich geschafft hatte und im Kanu saß, hatte ich keine Kraft mehr um mich gegen die Strömung durchzusetzen.

Der Versuch war also gescheitert alleine rüber zur Insel zu kommen. Meine Kräfte waren eben doch nicht mehr die, die ich noch vor meiner Herz OP hatte. Zu zweit wäre es zu schaffen gewesen.

Ich zerrte das Kanu wieder an seinen Platz oberhalb des Strandes und brachte die Paddel zurück zu Warren, der mir dann auch sagte, dass es wegen der Strömung während der Ebbe auch für ihn nicht leicht sei die Insel zu erreichen. Er fand es gut, dass ich es nicht auf *„Teufel komm raus"* versuchte. Es war viel sicherer sich ein Fahrrad auszuleihen um ein wenig die Umgebung abzuradeln.

Der Verkehr hielt sich wirklich in Grenzen und die Witterung machte mir auch nichts aus. Ich suchte den Markt, der hier immer nachmittags statt finden sollte. Der wechselte wohl täglich seinen Standort, so das niemand genau sagen konnte wo er sich heute befinden würde. Ich fand ihn schließlich in einer Seitenstraße, kaufte mir etwas frisches Obst und Mückenspray und fuhr zum Ressort zurück, um noch im Pool des *Alaya Hotels* zu schwimmen.

Niemand, außer mir, schien diesen schönen Pool zu nutzen, ich hatte ihn fast immer ganz für mich alleine. Ab kommenden morgen wollte ich mir einen Roller mieten, damit ich in der Lage sein könnte auch entferntere Ziele zu erreichen. Die ganze Küstenlinie besteht aus Buchten, ich nahm mir vor die eine oder andere anzufahren.

Strand von Pranburi am Morgen im Nebel

23. April 2011 – Tage der Ruhe in Pranburi

Mein Roller hatte die Farbe von Barbie Puppen Kleidern: grelles Pink. Ich wurde mit Sicherheit nicht so schnell übersehen. Wenn ich damit bei den Thais vorbei fuhr kicherten die sich eines. Sollte mich bis jetzt noch niemand kennen, war das nun mit einem Schlag vorbei.

Die Menschen waren sehr freundlich und hilfsbereit, es war eine Freude in ihre fröhlichen Gesichter zu blicken. Manche Männer guckten zwar etwas grimmig, doch wenn man sie ansprach waren auch sie sehr freundlich.

Die Thailänderinnen schnatterten den lieben langen Tag. Sie hatten sich scheinbar immer etwas zu erzählen. Sicherlich redeten sie auch über die blonde *Farangfrau* auf dem pinkfarbenen Motorroller. Ich war mir ziemlich sicher das sie es taten, doch ich hatte dabei niemals ein unangenehmes Gefühl, ganz im Gegenteil.

Von der Hauptstraße aus erreichte ich über eine Nebenstraße eine Bucht, die sich meiner anschloss. Sie war lang, breit und nur eine handvoll Menschen schienen dort zu sein. Zwei Hotelanlagen waren direkt am Strand gebaut worden. Ich entschied mich für den Garten der *„Brasserie“*, einer Anlage deren Architekt scheinbar in den maritimen Chic der französischen Riviera verliebt war.

Die Bungalows waren halboffen und sehr großzügig gestaltet worden. Das besondere Ambiente hatte auch seinen Preis. Eine Übernachtung kostete **4000 Baht**, dass sind etwa **100 Euro**, nicht gerade ein Schnäppchen. Der Milchkaffee war sehr gut aber auch mit **5 Euro** nicht zum täglichen Genuss geeignet. Nebenan stand ein weiteres Ressort. Dort war eine Familie mit halbwüchsigen Kindern zu Gast.

Die Teenies hatten einen Riesenspaß mit Beachbuggies am Strand entlang zu düsen. Ich konnte das gut verstehen, schließlich bekam man nicht immer einen so schönen und zudem leeren Strand für solche Abenteuer zur Verfügung gestellt. Ich genoss meinen Kaffee und fuhr nach einer Weile weiter bis zum Eingang in den kleinen Nationalpark, der sich in der näheren Umgebung befindet. Leider kostete es einige Baht Eintritt und ich hatte nicht mehr genügend Geld dabei, deshalb musste ich wieder umkehren.

Meine Tage in **Pranburi** waren Tage der Erholung. Ich verbrachte sie mit relaxen, lesen und schwimmen.

So lange ich den Motorroller geliehen hatte, fuhr ich in der Gegend umher. Dabei lernte ich schon die eine oder andere schöne Bucht kennen, die ich zu Fuß nicht erreichen hätte können. Eine Bucht war schöner, als die andere und fast immer menschenleer. Ich genoss zudem die Ruhe und Harmonie bei Warren und das gute Essen, das seine beiden Topköchinnen zubereiteten.

Ein Ehepaar aus Österreich war mit ihren beiden Töchtern auch zu Gast in meinem Ressort. Sie luden mich an ihrem letzten Abend ein, sie in die Stadt zu begleiten. Sie wollten noch ein paar Einkäufe machen, bevor sie am Morgen mit einem Privatbus nach Bangkok fahren würden.

Der Ehemann, er hieß Martin, wollte vor allem einen einheimischen Durchlauferhitzer kaufen. Diese Geräte sind sehr einfach auch in Europa an zu schließen. Für kleine Bäder sehr gut geeignet. Mit einer Duschgarnitur versehen eignen sie sich bestens zur Nutzung in Gästebädern. Man kann sie in Europa leider nicht erwerben. Unser Taxifahrer war der gleiche, der mich schon in **Pranburi** einsammelte. Er fuhr uns bis zum großen Supermarkt, der hier auch *„Tesco Lotos"* hieß. Martin hatte den Fahrer für einige Stunden gemietet damit wir für die Rückfahrt kein Taxi suchen mussten.

Die Familie kaufte Unsummen von Artikeln ein, darunter auch den Durchlauferhitzer und einen großen Koffer, um die Einkäufe auch nach Hause zu bekommen. Nach dem Kaufrausch plagte uns der Hunger. Wir hatten noch genügend Zeit uns auf dem Markt, der sich gegenüber des Einkaufcenters befand, zu stärken. Wir erwarben einige leckere Gerichte und setzten uns an die Tische, die bei einem Getränkehändler aufgestellt waren.

So kam jeder Händler zu seinem Recht und wir ließen es uns schmecken. Unser Fahrer erwartete uns pünktlich, wie vereinbart, am Eingang zum Center und fuhr uns sicher durch die einsetzende Dunkelheit zurück zum Ressort. Nachdem die Kinder im Bett lagen setzten sich Martin, Judith und ich noch bei ein paar Bierchen zusammen. Sie ließen mir am Ende noch ein Buch da und schrieben ihre email Adressen hinein. Wir wollten auf jeden Fall in Kontakt bleiben.

In der Nacht gab es ein heftiges Gewitter und ich wurde von einem ungeheuren Donnerschlag geweckt, dem ein Platzregen folgte. Am Morgen war von dem Unwetter nichts mehr zu merken.

27.April 2011 – Zurück nach Bangkok

An diesem Morgen begann mein letzter Tag im Paradies.

Einen Tag zuvor wurden Martin, Judith und die Mädchen von ihrem Privattaxi abgeholt. Für vier Personen und eine Unmenge Gepäck wäre ein regulärer Minibus nicht gegangen, der wäre zu klein gewesen.

Bei mir war das anders. Ich wurde von einem Minibus am Morgen eingesammelt, der über **Hua Hin**, wo er noch weitere Fahrgäste abholte, direkt nach **Bangkok** fuhr. Seine Endhaltestelle hatte er am *Victory Monument*, einem von vielen bekannten Orten in Bangkok.

Aus reiner Bequemlichkeit besteigt man ein Taxi von dort zu seinem gebuchten Hotel in der Stadt. Ohne großes Gepäck könnte man auch wunderbar mit der **Metro** und dem **Skytrain** fahren. Mit dieser Variante würde man auf jeden Fall schneller sein Ziel erreichen.

Mein Hotel, das *Tawana*, befand sich mitten in **Patphong**, dem bekanntesten **Vergnügungsviertel in Bangkok**. Patphong lag zentral, was mir sehr wichtig war.

Die Fahrt mit dem Taxi durch die Stadt gestaltete sich für mich recht angenehm. Ich sah sehr viel, konnte mir die Umgebung einprägen und das Getümmel auf den Straßen entspannt genießen. Der Fahrer schien den Weg zu kennen.

Das Hotel besaß einen eigenen Charme. Sicherlich hatte es auch schon bessere Tage gesehen. Mir gefiel es sehr gut.

Im Foyer hingen riesige Kristalllüster an den Decken, auf dem Boden waren spiegelglatte Marmorfliesen und die Wände waren mit Teakholz getäfelt. Alles wirkte ausgesprochen gemütlich und blitzsauber. Mein Zimmer befand sich im sechsten Stock und war sehr geräumig.

Im hinteren Teil des Grundstücks befand sich ein schöner kleiner Garten mit Pool. Zwar recht klein, doch sehr idyllisch.

Gebucht hatte ich das Hotel bereits in Deutschland via Internet. Der Preis war wirklich super. Ich bezahlte **pro Nacht 30 Euro** inklusive Frühstücksbuffet.

Buchte man es vor Ort bekam man allerdings andere Preise genannt. Diesen Umstand sollte ich nun beim Einchecken an der Rezeption feststellen müssen.

Scheinbar war ich mit meiner Terminierung etwas durcheinander geraten. Ich hatte **Pranburi** einen Tag zu früh verlassen und war somit einen Tag zu früh in **Bangkok**. Den zusätzlichen Tag im *Tawana* musste ich zum regulären Preis, von **umgerechnet 65 Euro**, buchen, was ein ziemliches Loch in mein restliches Budget riss.

Dieser Tag war wohl der teuerste während meiner gesamten Reise, denn ich hatte natürlich auch in **Pranburi** einen Tag bezahlt, den ich nicht nutzte. Warren war es wohl auch nicht aufgefallen, dass ich bereits einen Tag zu früh abreiste. Na ja, dann musste ich mich eben beim Shopping etwas zurück halten.

Nachdem ich meine Koffer ausgepackt hatte wollte ich einen Spaziergang zur **Skytrain Station** machen, die ich bereits von Taxi aus sah.

Wenn man, wie ich aus dem Paradies kommend in dem Moloch landete, glaubte man anfangs, dass man den Krach und das Menschengedränge nicht lange ertragen könne. Je länger ich unterwegs war, desto mehr überkam mich ein ganz anderes Gefühl.

Die Massen an Autos, Mopeds, Bussen und Menschen gaben mir auf einem Mal ein ungemein beruhigendes Gefühl. Ja, beruhigend, ihr lest richtig. Trotz dieser Massen an Mensch und Material schien das Leben seinen normalen Gang zu gehen und Hektik schien dort ein Fremdwort zu sein.

Ich stellte auch schnell den Unterschied zu meinem ersten Besuch vor über zwanzig Jahren fest. Die Luft war um einiges sauberer. Viele Taxis, ich glaube sogar die meisten, fuhren mit Autogas, während die Privatfahrzeuge oftmals mit den modernen Hybridmotoren ausgestattet waren. Die einzigen Dreckschleudern waren noch vereinzelte alte Dieselbusse, die aber irgendwie zum Charme dieser Weltstadt beitrugen.

Nachdem ich mit der **Skytrain** hin und her gefahren war und dabei das eine oder andere Shoppingcenter besuchte, wollte ich mir noch ein ganz besonderes Kleinod direkt an der **Station Sala Deang** gönnen. Ich besuchte den **Lumpini Park**.

Bereits bei meiner Ankunft in Thailand machte ich einen Spaziergang in dem Park. Während der ersten Tage wohnte ich ja schon einmal in Bangkok und bei der Gelegenheit verbrachte ich schon einen schönen Nachmittag in diesem Hort der Ruhe mitten in der Stadt.

Ich war natürlich nicht alleine im Park. Er wurde genutzt von Joggern, Skatern, Spaziergängern und jeder Menge Menschen, die fernöstliche Praktiken, wie *Thai Chi* zelebrierten.

Rund um den künstlich angelegten See erstreckten sich Wiesen, die von den Entspannungspraktikern genutzt wurden. Schon beim bloßen zusehen merkte ich, wie gut es mir an diesem Ort ging. Die Umgebung strahlte eine sehr friedliche, harmonische Stimmung aus. Der letzte Rest von Stress und Unruhe verließ mich augenblicklich. Ich setzte mich auf eine der vielen Bänke und genoss die Atmosphäre.

Ich war fasziniert von dieser quirligen Stadt die scheinbar niemals schlief. Bis weit in die Nacht hinein konnte man einkaufen gehen, Märkte besuchen oder einfach nur dem Treiben in einem der vielen Lokalitäten zusehen. Ich fühlte mich rundum wohl.

Am nächsten Tag wollte ich den zweiten praktischen Verkehrsweg in **Bangkok** ausprobieren. Mein Ziel war es, mit einem der vielen Wassertaxis nach **Banglampoo** zu schippern.

Dieser Bezirk gilt als *das* Backpacker Zentrum in Bangkok überhaupt. Müsste ich das Taxi nehmen, wäre ich quer durch die Stadt unterwegs und bestimmt eine Stunde oder mehr auf der Piste.

Meine Startstation war der **Central Pier** an der **Endstation der Sukhumvit Skytrain** mit dem Namen **Saphan Taksin**. Hier würde ich das Boot besteigen und in etwa 25 Minuten in Banglampoo sein.

Vom Park aus ging ich zu Fuß ins Hotel zurück.

Unterwegs schlängelte ich mich durch Straßenstände und fliegende Händler, die auf den Bürgersteigen ihre Waren anboten. Die Bürgersteige verdienen den Namen nur bedingt.

Sie sind extrem schmal. Trotzdem findet sich noch Platz für alle Nutzer. Passanten laufen im Gänsemarsch, fädeln sich gegenseitig durch die Stände und den Gegenverkehr, ohne dass jemand drängelt, hektisch wird, oder, wie leider in Berlin üblich, schubst und rempelt.

Bangkok erinnerte mich an einen gut durchorganisierten Ameisenhügel. An einem der Stände kaufte ich mir drei Gürtel, die nach fast sechs Wochen thailändischer Ernährung nötig wurden. Ich hatte einige Kilos abgenommen und meine Hosen rutschten mir über die Hüften.

Im Hotel angekommen zog ich meinen Badeanzug an und ging zum Schwimmen und relaxen an den Pool. Nach zwei Stunden faulenzen verspürte ich das dringende Bedürfnis nach etwas schönem, leckeren, dass meinen knurrenden Magen beruhigen sollte.

Ich schlenderte die Hauptstraße in der mein Hotel lag entlang. Bei einem Straßenrestaurant bestellte ich mir Hühnerfleisch mit frischem Gemüse und einer kleinen Portion Reis. Neben dem Stand waren kleine Tische und Stühle aufgestellt und ich setzte mich an einen dieser Tische. Bei deren Anblick musste ich unwillkürlich schmunzeln, weil ich an das Märchen von Schneewittchen und den Sieben Zwergen erinnert wurde. Die Sitzgelegenheiten waren sehr klein, fast schon Kindergröße, was für die zierlichen Thailänder ausreichend war. Ich kam bestens klar und hatte auch keine Schwierigkeiten wieder aufzustehen, was ich anfangs befürchtete.

Die Auswahl an Garküchen auf den Bürgersteigen war riesig. Menschenlawinen rollten durch die verstopften Straßen. Es war ein tolles Gefühl nicht alleine zu sein. Nach meinem Abendessen schlenderte ich durch die Straßen.

Ich kam an einem der vielen zweideutigen Massagesalons vorbei. Junge Thailänderinnen saßen vor den Läden auf den Stufen und lachten und scherzten miteinander. Sie sprachen mich freundlich an und fragten, ob ich eine Fußmassage wollte. Ich hielt das für eine sehr gute Idee und betrat das Geschäft. Im Innern waren einige sehr bequem anmutende Sessel aufgereiht. Vor jedem Sessel stand ein kleines Höckerchen auf dem entweder ein junger Mann oder eine junge Frau saßen. Um meine Füße kümmerte sich mit größter Sorgfalt ein junger Mann. Er massierte sie mit wunderbar duftenden Öl und kleinen Holzstäbchen, die er an verschiedene Punkte an meinen Füßen mit etwas Druck ansetzte. Die Massage war eine Wohltat, ich lief danach, wie auf Wolken. Vor dem Massagesalon bot ein Straßenhändler frische Kokosnuss an, und ich kaufte eine.

In der gegenüberliegenden **Patphong Road** begannen die Markthändler ihr abendliches Geschäft. Dazwischen waren jede Menge Bars. Spärlich bekleidete Damen warteten auf Kundschaft.

Lange mussten sie nicht warten. Die männlichen Touristen, die jene Etablissements aufsuchten, waren bereits im Anmarsch. Zum Thema Sextourismus will ich aber noch ein paar Sätze los werden. Die Mädchen verdienen mit diesen Männern eben nicht nur das Geld, das sie selbst zum Leben brauchen, meistens lebt davon die ganze Familie. Moralisten unter uns sehen diese Art der Familienfürsorge sicherlich mit gemischten Gefühlen. Es gibt eigentlich nur einen Weg damit umzugehen ...

Man muss sich darüber im Klaren sein, dass diese Art den Lebensunterhalt zu verdienen, zum täglichen Leben in Thailand gehört. Wenn man hier leben will, darf es nicht zu einem persönlichen Problem werden. Leben und Leben lassen, war und ist schon immer meine Devise. Bisher bin ich gut damit gefahren.

Zum Abschluss dieses Tages setzte ich mich in eine kleine Bar und genoss einen herrlich erfrischenden Wassermelonen Saft. Die Bar befand sich gegenüber der **Patphong Road**. Von meinem Tisch aus konnte ich das Treiben auf dem Markt beobachten. Es waren um diese Zeit natürlich eine Menge Touristen unterwegs. Abends ist die Stadt um einiges interessanter und vor allem etwas kühler. Die Händler machten wieder ein recht gutes Geschäft, da war ich mir sicher.

Es war schon ziemlich spät und ich wollte am nächsten Tag schon recht früh nach **Banglampoo**.

Gute Nacht – Stadt der Engel – ich gehe jetzt in mein Bett.

28.April 2011 – Mit Taxiboot durch Bangkok

Das Frühstücksbuffet war wirklich klasse.
Es wurden europäische sowie asiatische Speisen angeboten und damit war für jeden Geschmack etwas dabei. Alleine das umfangreiche Obstbuffet war für mich besonders interessant. Ich aß Brötchen mit Butter und Marmelade, ein gekochtes Ei und einen Teller mit allen Obstsorten, die angeboten wurden. Der Kaffee war außergewöhnlich gut und so trank ich zwei Tassen davon. Mein Sportprogramm absolvierte ich bereits vor dem Frühstück. Ich legte ein paar Runden im Pool zurück.

Gestärkt und bestens gelaunt machte ich mich auf den Weg zur **Skytrain Station Sala Deang**. Ich stieg dort in einen Zug der **Sukhumvit Linie** und fuhr zum **Central Pier**.
An diesem Hauptpier lagen bereits einige Boote und warteten auf Fahrgäste. Das Boot, welches ich bestieg, war recht groß und auch schon ganz schön voll besetzt. Es fand sich aber immer noch ein Plätzchen für mich.

Das Wetter war genau richtig für einen Bootsausflug. Der Himmel erstrahlte in azurblau und die Luft war klar und angenehm frisch. Die angenehme frische Brise wehte über den Fluss ins offene Boot.
Auf dem Fluss tummelten sich recht viele Boote. Die Thailänder nutzen dieses Transportmittel vor allem um zur Arbeit zu gelangen. Wir hielten an verschiedenen Piers rechts und links des Flussufers und es stiegen Menschen ein und aus. Ich hatte eine Karte vom Fluss, da waren alle Haltestellen eingezeichnet. **Banglampoo** war so ziemlich die letzte Haltestelle von meinem Boot, danach fuhr es wieder den gleichen Weg zurück.

Die Bootsfahrt führte auch an historisch und touristisch interessante Punkte vorbei, die am Flussufer lagen. Ein ganz besonderer Anblick war der **Grand Palace**, der königliche Tempelbezirk, den ich am nächsten Tag besuchen wollte. Die goldenen Chedidächer leuchteten in der Sonne und die gigantischen Tempelbauten waren einfach nur

Goldene Chedis im Grand Palace Tempelbezirk

wunderschön an zusehen. Die Farben der Gebäude wurden durch das
Sonnenspiel auf dem Wasser und dem blauen Himmel über ihnen so
klar und satt, wie auf einer Postkarte. Ich hoffte,den traumhaften Anblick mit meinem Camcorder auffangen zu können.

Nach einer Fahrzeit von etwa 25 Minuten verließ ich in **Banglampoo**
das Boot. Vom Pier aus verfolgte ich ein paar Leuten, von denen ich
annahm, dass sie den gleichen Gedanken hatten wie ich und auch
nach Banglampoo wollten. Ich stellte fest, dass ich mich nicht geirrt
hatte, meine Menschenkenntnis war gar nicht so schlecht.

Wir überquerten einmal eine Hauptstraße mit viel Verkehr,
schwenkten links in eine Nebenstraße und standen mitten drin in
Banglampoo, dem Backpacker Areal von Bangkok.

Was ich sah, wirkte sehr gemütlich und ruhig. Kleine Geschäfte,
viele offene Lokalitäten, Straßenstände und Massagesalons, die Fuß-
massagen auf gemütlichen Sesseln direkt an der Straße anboten.

106

Friseure, deren Kosmetikangebote man in klimatisierten Räumlichkeiten erleben konnte, rundeten das Bild ab.

Das alles spielte sich auf einer Straße ab, deren Mittelpunkt eine Tempelanlage war. Es bestand die Möglichkeit den Tempel zu besuchen, indem man ihn entweder umrundete oder quer hindurch ging zur anderen Straßenseite. Der Durchgang war zuerst nicht als solcher zu erkennen. Es war nur eine kleine Nische in der Tempelmauer. Ein Schild war angebracht worden, die diese Nische als Durchgang zum Tempelinneren auswies.

Ich betrat einen Innenhof der rechts und links von schönen Teakhäusern eingerahmt wurde. Beim näheren Betrachten wurde mir deren Sinn klar. Es handelte sich um die Wohnhäuser der Mönche, die zu dieser Anlage gehörten. Ich durchquerte den Innenhof und schritt durch einen arkadenähnlichen Zugang in den eigentlichen Tempelbezirk. Vorbei an kleineren und größeren Tempelbauten öffnete sich am hinteren Ende wiederum ein Ausgang der auf eine belebte Hauptstraße führte. Der folgte ich zur linken Seite und kam wieder in die Straße in der mein Besuch in Banglampoo seinen Anfang nahm.

Bei einem der Fußmasseure setzte ich mich in einen der gemütlichen Outdoor-Sessel und entspannte bei einer sehr angenehmen Massage, bevor ich in ein Restaurant ging um zu essen. Ich bestellte gegrillten Fisch und Gemüse, was wieder mal überaus lecker war.

Auf meinem Weg zurück zum Pier kehrte ich noch in einem Café ein und gönnte mir einen wirklich guten Latte Macchiato. Ich saß dort sehr gemütlich im Freien und beobachtete das muntere Treiben um mich herum.

Das Cafe bot freies WLAN an und diese Möglichkeit wurde von vielen, meist jungen Menschen, genutzt.

Um mich herum hörte ich bruchstückhaft Gespräche in verschiedenen Sprachen. Manche konnte ich nicht definieren. Ich hörte natürlich englisch, französisch und italienisch bzw. spanisch heraus.

Grand Palace in Bangkok

Es gab keine Thailänder außer den Bedienungen in den Restaurants und den Taxifahrern. Thailändische Touristen legen großen Wert auf Ambiente der luxuriöseren Art. Sie würden keinen Fuß in eines der kleinen Hostels setzen.

Auch andere Asiaten sah man in **Banglampoo** nur vereinzelt mit dem Rucksack durch die Straßen schlendern. Ich lernte bereits während meines Aufenthaltes in Malaysia, dass Asiaten sich sehr an Statussymbolen orientierten. Die Unterkunft in einem Luxushotel gehörte dazu. Da es diese Hotelkategorie in Banglampoo nicht gibt, sieht man dort eben ausschließlich Europäer.

Leider blieb mir nicht die Zeit um bis zum Abend zu bleiben, weil das letzte Boot bereits um 17:00 Uhr zurück zum Central Pier fuhr. Ich könnte natürlich auch ein Taxi nehmen, doch das wollte ich auf keinen Fall, weil ich mich schon sehr auf die Rückfahrt mit dem Boot freute. Vielleicht sollte man beim nächsten Besuch in Thailands Hauptstadt hier mal eine Unterkunft suchen. Das Treiben am Abend in den Gassen um die **Khaosan Road** zu erleben oder auf den Märkten einkaufen zu gehen, wäre sicher eine schöne Erfahrung.

Ich stand wieder auf dem wackeligen Pier und wartete auf das Boot. Weil ich vergessen hatte der Schaffnerin schon beim Betreten des Bootes zu sagen, wo ich aussteigen wollte, verfehlte ich mein Ziel um einige Stationen.

Erst als ich an der Endhaltestelle der Bootstour ankam, fragte ich die Schaffnerin nach dem Central Pier. Es blieb mir nichts anderes übrig, als in ein anderes Boot umzusteigen. Die nette Schaffnerin informierte ihre Kollegin von meinem Wunsch am Central Pier das Boot zu verlassen. Nun klappte alles wieder bestens.

Es hat immer auch etwas gutes, wenn man am Ziel vorbei saust. Man konnte sich die ganzen spektakulären Sehenswürdigkeiten vom Boot aus nochmal ansehen. Ich war begeistert, da ich zudem kein neues Ticket kaufen musste.

Am Central Pier angekommen konnte ich es kaum noch halten, so dringend musste ich auf die Toilette. Direkt am Pier, gar nicht zu übersehen, stand ein ganz sauberes Toilettenhaus mit Bedienung. Diese Art Einrichtung soll es wohl an allen größeren Piers geben. Alles war picobello sauber und für **10 Baht** bekam man auch genau abgezähltes Toilettenpapier in die Hand gedrückt.

Um diesen schönen Tag genussvoll abzuschließen verspeiste ich noch vorm Siam Center mein Abendessen, marschierte zurück ins Hotel, sprang dort in den Pool und ging dann ins Bett. Ich war schon ganz schön erledigt.

Am frühen Morgen stand der Besuch des **Grand Palace** auf meinem Programm.

29. April 2011 – Bangkok: „Stadt der Engel"

Guten Morgen, Bangkok – Stadt der Engel!

Ich schlief, wie ein Baby. Mein morgendliches Ritual, schwimmen im Pool und danach ein leckeres Frühstück, war bereits erledigt.

Ich suchte ein Taxi, das mich zum **Grand Palace** bringen sollte. Doch das war leichter gesagt, als getan. Ein Taxi für diese Fahrt, um diese Uhrzeit zu bekommen, gestaltete sich einigermaßen schwierig. Der Verkehr war mörderisch und die Fahrer hatten einfach keine Lust sich diesen Stress anzutun. Es gab nur ganz bestimmte Wagen, die man nehmen konnte. Die Fahrer verlangten dann auch **200 Baht**, was für thailändische Verhältnisse schon als teuer zu bezeichnen war.

Mir war das egal, ich wollte jetzt in den **Tempelbezirk** und nicht irgendwann, wenn sich der Stau eventuell aufgelöst hatte. Der Fahrer nahm die Strecke durch *China Town*. Eine gute Entscheidung.

Ich erreichte bereits nach 20 Minuten den Haupteingang der Anlage.

Auf dem Vorplatz war bereits ein reges Treiben im Gange. Scheinbar hatte ich armer Tropf heute den *„Chinatag"* erwischt.

Chinesische Touristen gelten, selbst im asiatischen Thailand, schon fast als Landplage. Sie treten immer in Massen auf, haben vor gar nichts Respekt und sind sehr laut. Selbst in den heiligen Hallen der Buddhisten fotografieren und filmen sie auch dann, wenn es nicht erwünscht ist.

Das Gelände war schon recht groß und so konnte ich mich aus dem Pulk befreien, sogar den einen oder anderen „chinesenfreien" Platz ergattern.

Die Sonne meinte es an diesem Tag besonders gut mit mir.
Sie brutzelte vom strahlend blauen Himmel und die Temperatur lag um die 40 Grad.

Am Eingang zum Palast kaufte ich vorausschauend dann auch lieber noch einen Sonnenhut. Die traumhaft verzierten Gebäude mit den offenen Wandelgängen, deren Wände mit den *Jataka Paintings* geschmückt waren, faszinierten mich ganz besonders.

Schließlich hatte ich ja bereits in Nong Khai von dem australischen Novizen dieses schöne Buch gesehen. Einige der Zeichnungen erkannte ich auch wieder.

In einem Teil der Wandelgänge sah ich einen Maler, der damit beschäftigt war, die alten Wandgemälde zu restaurieren. Er arbeitete dabei mit einer Art Lineal, das ihm scheinbar als Anhaltspunkt diente, welcher Bereich gerade bemalt werden musste. Der Pinsel, den er benutzte, war so fein, dass ich erst bei genauerem hinsehen feine Härchen daran entdecken konnte.

Der Künstler war bei seiner Arbeit hochkonzentriert und ließ sich selbst von den aufdringlichen Chinesen nicht im Geringsten ablenken. Mein Camcorder war leise und diskret, ich glaube nicht, dass er mich überhaupt bemerkte.

In einem der Tempel besichtigte ich den sehr alten Thron, auf dem schon einige Vorgänger des heutigen Monarchen saßen. Er diente dem jeweilige Herrscher als Sitzgelegenheit bei Empfängen im Palast.

Des weiteren waren noch weitere Insignien der frühen Dynastien zu besichtigen. Filmen oder fotografieren war im Inneren der Gebäude untersagt.

Am Ausgang befand sich ein Restaurant, das sogar *Hägen Dazz* Eis verkaufte. In der Eistheke gab es auch mein Lieblingseis, Mango. Daran konnte ich natürlich nicht so einfach vorbei gehen.

Der Preis von **2,50 Euro** pro Kugel schmälerte zwar den Genuss etwas, aber was soll es, schließlich war heute mein vorletzter Tag in Thailand.

Sobald man die Straße betrat kamen Taxen angefahren. Die Rückfahrt war kein Problem mehr, der Stau hatte sich aufgelöst.

Für die Verhältnisse in Bangkok waren die Straßen sogar fast leer. Ich ließ mich am **Siam Place** absetzen und aß an einem Straßenstrand zu Mittag. Es war höllisch heiß und nach meinem Marsch zum Hotel sehnte ich mich nur noch nach einem Bad im Pool.

30.April 2011 – Vorerst letzter Tag in Thailand

Letzter Tag in Bangkok und Rückreise nach Deutschland – auch die schönste und längste Urlaubszeit hat ein Ende.

Mein Letzter Tag im schönen und interessanten Thailand war angebrochen. Der Rückflug nach Berlin startete um 23:00 Uhr Ortszeit.

Nach dem Frühstück packte ich meine Rucksäcke damit ich bereit war um 12:00 Uhr mein Zimmer zu räumen. Mein Gepäck konnte bis zu meiner Abfahrt zum Airport sicher verwahrt an der Rezeption bleiben. Ich besaß noch einige Baht, die ich nicht mit zurück nach Deutschland nehmen wollte. Da bot sich doch noch eine ausgiebige Shoppingtour bis zum Airport Transfer an.

Mein Entschluss stand fest. Ich wollte die Einkaufstour in Bangkoks preiswertesten und angesagtesten Mal **MEK** unternehmen. Dort bekam man sehr günstig Kleidung und Schuhe für jeden Geschmack und in allen Größen.

Die richtigen Schnäppchen fand man im Kellergeschoss des Einkaufzentrums. Dort reihten sich, auf gefühlten einigen Kilometern Länge, Stände und kleine Geschäfte beiderseits eines breiten Durchganges aneinander. Wie bei einer Hauptstraße zweigten auch hier einige Seitenstraßen ab, die ebenfalls mit Shops übersät waren.

Jeder Quadratmeter war vollgestopft mit Waren. Wer hier nichts fand, war selber schuld. Ich kaufte vier Paar Schuhe.

Aus Mangel an Platz in meinem Gepäck wurde es leider nicht viel mehr. Ohne dieses Problem hätte ich in einen wahren Kaufrausch verfallen können.

Nach drei Stunden Gewühl und bewaffnet mit mehreren Einkaufstüten ging ich nach draußen. Ich hatte mir eine Zigarette verdient.

Vor dem Center war eine Bühne aufgebaut. Auf der spielte eine Liveband flotte westliche Musik. Die jungen Leute waren wirklich sehr gut. Ich stand oben am Geländer der **Skytrain** und hörte ihnen zu. Im gleichen Moment indem ich meine Zigarette anzündete, stellte ich fest, dass ich zum ersten Mal meinen Taschenaschenbecher vergessen hatte. Es ist nicht meine Art Zigarettenkippen auf die Straße zu werfen. Zu allem Übel war das Rauchen an dieser Stelle nicht gestattet. Was sollte ich machen, die Kippe musste weg.

Vor mir im Boden befand sich eine Art Regenrinne. Ich warf die Kippe dort hinein. Es war auch Wasser darin und die Glut erlosch sofort. Lange Rede, kurzer Sinn.

Ein sehr höflicher, aber bestimmter, Gesetzeshüter bat mich ihm zu folgen. Ich musste **1000 Baht Strafe** zahlen.

Eigentlich wollte er *mit Quittung* **2000 Baht** von mir haben. Ohne Quittung wurden es dann allerdings nur 1000 Baht. Ich sollte das Geld ohne Kommentar in ein aufgeschlagenes Buch legen, das ein zweiter Polizist hinter seinem Rücken hervor holte. Danach war ich entlassen, kurz und schmerzlos. Schuld eigen, wenn man sich erwischen ließ, ging mir durch den Kopf. Diese Zigarette war jedenfalls die teuerste, die ich je in meinem Leben geraucht hatte!

In meinem Hotel angekommen setzte ich mich in die Straßenbar und bestellte einen alkoholhaltigen Cocktail. Den brauchte ich jetzt, um den Schreck hinunter zu spülen, dass ich doch tatsächlich eine Begegnung machte, die ich tunlichst vermeiden wollte, mit der thailändischen Ordnungsmacht. Ein Erlebnis, worauf ich gerne verzichtet hätte. Die Zigarette zu meinem Cocktail rauchte ich dann sehr befreit, weil es in der offenen Bar keine Probleme damit gab.

Mein bestelltes Taxi war vor dem Foyer des Hotels angekommen. Der Concierge wuchtete mein Gepäck in den Fond des Wagens und wir setzten uns in Richtung Airport in Gang. Der Fahrer nutzte den Highway, der eigens für den Airport gebaut wurde. Ich hatte nochmal die Möglichkeit durch die Lichterwelt von Bangkok zu fahren.

Mein Fahrer setzte mich genau vor dem richtigen Eingang am Airport ab und meine letzten **1000 Baht** wechselten den Besitzer. Sicherlich war das um einiges zu viel, was ich aus der überschwänglichen Danksagung des guten Mannes deutete. Es war mir ein Vergnügen, denn ich war sicher und pünktlich am **Suvarnhabumi Airport** abgesetzt worden.

Nachdem ich die Passkontrolle und den Zoll hinter mich gebracht hatte, setzte ich mich vor den Eingang zu meinem Gate. Es blieb mir noch über eine Stunde Zeit bis zum Boarding. Ich nahm meine Notizen aus dem Handgepäck und schrieb den Abspann in mein Tagebuch.

Fazit - Thailand Rundreise, Teil I

Es ist jetzt 22:15 Uhr nach Bangkokzeit und es bleibt mir noch viel
Zeit bis zum besteigen meines Flugzeugs.

Diese ganze Reise diente ja einem bestimmten Zweck:
Ich wollte die ersten beiden Stationen kennen lernen, die vielleicht
als neues zuhause für meine Tochter und mich in frage kämen.
Den Nordosten, den Isarn, sowie die Südküste am Golf von Siam.

Jetzt wird sich so manch ein Thailandreisender sicher fragen:
Weshalb geht ihr nicht dahin, wo alle Deutschen hin gehen? Nach
Koh Samui zum Beispiel oder nach Pattaya oder vielleicht auch
nach Phuket?
Darauf kann ich nur antworten: Kein Interesse!!!

Das soll nun nicht etwa heißen, dass ich keinen Kontakt zu meinen
Landsleuten in Thailand haben möchte. Ganz im Gegenteil.

Auf meiner Reise durch den Isarn lernte ich schon den einen oder anderen Europäer kennen, der sich bereits seit vielen Jahren dort niedergelassen hatte. Ich wohnte sogar in einem Ressort in Udon Thani, das einem Berliner gehört. Das ganze Gebiet um Udon Thani und Nong Khai oder Korat und Khon Kean wird von vielen Europäern als Domizil genutzt.

Mir geht es in erster Linie um die Gegend an sich. Das Leben im Isarn gestaltet sich noch recht ruhig und die Nähe zu Laos hat auch einen gewissen Reiz. Der Mekong ist die natürliche Grenze zwischen beiden Ländern. Laos hat viele schöne Reiseziele zu bieten.

Gut, ich kenne weder Pattaya noch Koh Samui.
Seit sich mein Wunsch, Deutschland zu verlassen, manifestiert hat, recherchiere ich und verfolge fast jeden Bericht über Thailand in den Medien. An Pattaya stört mich so einiges.
Angefangen mit der offensichtlich starken Präsenz von Sextouristen, die dadurch entstandene Haltung der Thai zu den Ausländern, bis zu der enormen Verschmutzung des Meeres, reizt es mich nicht

im Geringsten dort zu leben. Auf Phuket sieht es Gebietsweise ähnlich aus. Allerdings gibt es auf der Halbinsel wohl noch den einen oder anderen schönen Ort, an dem man auch gut leben könnte. Wenn, ja wenn da nicht die Furcht vor dem nächsten Tsunami wäre...

Kho Samui bewerte ich ähnlich, wie Phuket. Da stört mich zudem der abgeschiedene Inselcharakter. In diesem Jahr konnte man das Problem, das auf Inseln herrschen kann, im Fernsehen mit verfolgen. Das böse Unwetter im April forderte einige Opfer.

Die Mentalität der Inselbewohner liegt mir auch nicht wirklich. Die dort lebenden Ausländer legen bereits ein Verhalten an den Tag, das sie auch auf der Baleareninsel Mallorca zeigen. Hoppla, hier haben wir das Sagen, die Einheimischen sollen gefälligst spuren und uns das Leben verschönern. Die Thailänder lassen sich das auch noch gefallen, solange der Farang gut bezahlt.

Die Südküste des Golfs von Siam, mein zweites Reiseziel in diesem Jahr, gehörte schon länger zu meinen Favoriten.

Dort leben um den Badeort Hua Hin viele Ausländer und die Umwelt ist noch weitestgehend intakt. Die meisten Ausländer dort sind gut betuchte Pensionäre, denen nicht der Sinn danach steht, geschäftlich tätig zu sein. Deshalb ist das Verhältnis zwischen Thailändern und Ausländern noch immer sehr gut und gleichberechtigt. Die meisten Farangs mieteten sich in der Umgebung Häuser oder Apartments und geben jungen Frauen Arbeit im Haushalt und den Männern als Fahrer, Gärtner oder auch Handwerker. Damit ist beiden Parteien geholfen und es funktioniert sehr gut.

Die Nahe Grenze zu Burma stört mich auch nicht.

Der Golf ist zwar dort auch nicht mehr so schön, wie er mal war, doch die vielen Möglichkeiten, die es gibt, von seiner Küste aus in kurzer Zeit nahe Ziele auf der Westseite oder auch in Malaysia zu erreichen, rundet diesen Standort für mich optimal ab. Eine Fahrt nach Bangkok wäre auch in weniger als 2 Stunden zu schaffen.

Egal, wo wir unseren Einstand in Thailand haben werden, es wird immer die Möglichkeit geben, nochmal umzuziehen.

Einige Gebiete werde ich auf jeden Fall noch bereisen. Dazu gehört der Norden mit der Stadt Chiang Mai genauso, wie die Gebiete um die Städte Sukhotai und Ayuttaya.

Zuerst einmal geht es um die Gegend, die ich nach meinem Umzug aus Deutschland ansteuern könnte. Natürlich spielt die Preissituation bei der Anmietung einer Unterkunft eine entscheidende Rolle.

Eines ist jedenfalls ganz sicher. Für mich gibt es keinen Zweifel mehr. Wenn ich Deutschland für immer den Rücken kehre, dann wird Thailand mein neues Zuhause. Wie sich das Ganze für meine Tochter gestalten könnte, wird man dann sehen. Sie muss schließlich noch arbeiten und das ist im Land des Lächelns für einen Ausländer nicht sehr einfach. Jedes Jahr ein mehrwöchiger Besuch von ihr bei mir ist auf jeden Fall geplant.

Thailand wird das Land in dem ich leben werde.

Nachwort

Als ich mich entschloss ein Tagebuch über meine Reiseeindrücke zu verfassen, dachte ich mit keinem Gedanken daran, meine persönlichen Ergüsse zu veröffentlichen.

Meine Tochter, der ich im Übrigen auch die Gestaltung dieses Buches verdanke, war da nach der Lektüre meines Manuskriptes anderer Meinung. So machte ich mich also an die Ausarbeitung des Textes, den sie dann auch korrigierte.

Wie der geneigte Leser ersehen kann, fand diese Reise im Jahre 2011 statt. Zwei Jahre später, 2013, machte ich mich zum zweiten Mal in andere Regionen des Landes auf. Auch während dieser Reise verfasste ich wieder ein Tagebuch in dem ich all meine Eindrücke fest hielt.

Dieses zweite Tagebuch ist noch in Bearbeitung und soll zu einem späteren Zeitpunkt ebenfalls veröffentlicht werden. Es wird erweiterte Erfahrungen aus bereits bekannten, als auch aus mir unbekannten Regionen enthalten.

Dieses Buch soll nicht als Reiseführer im üblichen Sinne bewertet werden. Es handelt sich dabei um den ganz persönlichen Eindruck einer allein stehenden ‚älteren Frau, die sich mit dem Gedanken trägt in dieses traumhafte Land aus zu wandern.

Thailand hat bei vielen Menschen noch immer den etwas faden Beigeschmack von dem Land der *„unerfüllten"* Sehnsüchte der männlichen Besucher. Ich kann nur aus meinen Erfahrungen sagen, dass dieses Land weit mehr zu bieten hat. Vor allem fühlte ich mich immer und überall absolut sicher, was man nicht von allen Gebieten auf der Welt beschwören kann.

Mein Arbeitsleben endet im Jahre 2015 und eröffnet mir damit die Möglichkeit meinen Ruhestandort außerhalb von Deutschland zu finden.

Nach fast 44 Arbeitsjahren und trotz gutem Verdienst, wird meine zu erwartende Rente in meinem Heimatland mich nicht ausreichend absichern können. Im Zuge der wirtschaftlichen Entwicklung in unserem Lande hat sich die Preisituation auf allen Gebieten derartig erhöht, dass ein menschenwürdiger Lebensstandard nicht mehr gehalten werden kann. Im Gegensatz dazu sind die Lebenserhaltungskosten in Thailand immer noch so gering, dass mir mit den Mitteln, die mir zur Verfügung stehen werden schon fast ein luxuriöses Leben bevorsteht.

Wer möchte nicht nach jahrzehntelanger Arbeit in Würde seinen Lebensabend verbringen. Auch dieser soziale Hintergrund fliesst in meine ganz privaten Zukunftspläne ein.

Ich hoffe Sie freuen Sie sich auf den zweiten Teil meiner Erfahrungen aus diesem wunderschönen Land. Mit vielem Dank an all meine Leser verabschiede ich mich mit diesen Worten

„Sawasdee Ka",

Elke Sarnowski